CARLOS ALBERTO ORGE PINHEIRO



# PROTEJA-SE DE VOCÊ MESMO E BATA O MERCADO DE AÇÕES NO LONGO PRAZO



EDITORA CIÊNCIA MODERNA

***Proteja-se de você mesmo e bata o mercado de ações no longo prazo***



**Editor:** Paulo André P. Marques
**Produção Editorial:** Dilene Sandes Pessanha
**Capa:** Daniel Jara
**Diagramação:** Daniel Jara
**Copidesque:** Equipe Ciência Moderna



**FICHA CATALOGRÁFICA**

***PINHEIRO, Carlos Alberto Orge.***

***Proteja-se de você mesmo e bata o mercado de ações no longo prazo***

Rio de Janeiro: Editora Ciência Moderna Ltda., 2022.

1. Economia 2. Bolsa de Valores
I — Título

ISBN: 978-65-5842-175-7 CDD 330
332.6

**Editora Ciência Moderna Ltda.**
**R. Alice Figueiredo, 46 – Riachuelo**
**Rio de Janeiro, RJ – Brasil CEP: 20.950-150**
**Tel: (21) 2201-6662/ Fax: (21) 2201-6896**
**E-MAIL: LCM@LCM.COM.BR**
**WWW.LCM.COM.BR**

**05/22**

Estar preparado para "bater o mercado"
(jargão do mercado financeiro)
requer conhecimento do mercado de ações,
domínio de estatística, autocontrole e
visão de longo prazo.

**Carlos A Orge Pinheiro**

Agradeço a "minha menina" FrancisMari
toda dedicação, carinho, empenho e
reciprocidade.

# Sumário

# Mercado Eficiente, diversificação e assimetria

## Sobre o mercado de ações

Os jornais e as revistas especializados em finanças dão conta que o segundo semestre do ano de 2021 será promissor para a abertura de capital de empresas (o que eu costumo chamar de oferta pública inicial em sala de aula e os agentes do mercado financeiro de IPO ou *Initial Public Offering*) além das ofertas de ações de sociedades anônimas que já estão listadas na bolsa de valores (*follow-on*).

A pergunta que permeia a cabeça de alguns alunos: quais dessas ações devem ser compradas? De certa maneira um tanto constrangedor responder qual é a melhor ação quando a experiência me diz que o fator aleatoriedade interfere na previsibilidade.

Mas as inquietações não param. Professor por que é difícil ganhar do mercado de ações? (se necessário leia a pergunta novamente) Porque não estamos preparados para isso.

Associado a esse desejo de ganhar do mercado de ações uma discussão na qual sou apaixonado é que não acredito que exista uma fórmula mágica, em que todos façam uso dela e obtenham o melhor resultado. Mas nesse momento, prefiro, primeiramente, que o mercado de ações seja explicado.

Para isso, eu retorno às minhas aulas iniciais de finanças, quando apresento que o mercado financeiro é visto sob diversas óticas e sua classificação em diferentes argumentos que, por sua vez, sofre diferentes subdivisões.

Um desses argumentos (o que mais gosto e faço uso em sala de aula) é subdividir o mercado financeiro sob o argumento necessidades dos clientes.

Quando usamos o argumento necessidades dos clientes (governo, famílias e sociedades anônimas) o mercado financeiro é dado por:

- mercado monetário (aqui são estabelecidas as políticas monetárias que acabam sinalizando as taxas de juros do mercado financeiro);
- mercado cambial (aqui são dadas as políticas cambiais conforme as relações entre divisas de países);
- mercado de crédito (importante para atender a necessidade de capital de giro das empresas e as necessidades de financiamentos das famílias);
- mercado de capitais.

Neste último mercado são comercializados ativos financeiros (como nos demais mercados) mas eles têm nome e sobrenome: valores mobiliários.

A legislação apresenta uma série de valores mobiliários para que as sociedades anônimas possam buscar recursos financeiros para abastecerem seus caixas.

Com dinheiro em caixa, será possível executar seus projetos de expansão, mas os motivos da abertura de capital ou *follow-on* (investimentos em longo prazo, incapacidade de tomar empréstimos, liquidez patrimonial para os sócios entre outros) estão expostos num documento chamado prospecto. Um desses valores mobiliários é a ação (preferencial ou ordinária), emitida pelas sociedades anônimas.

A compra e a venda das ações são realizadas através de agentes no mercado financeiro, algo que a literatura define na estrutura do Sistema Financeiro Nacional como operadores do mercado, a exemplo das corretoras e distribuidoras de valores mobiliários.

## Há eficiência no mercado de ações?

Em teoria sim, e isto os livros clássicos de finanças tratam como Hipótese do Mercado Eficiente em que os participantes deveriam obter uma rentabilidade normal e as sociedades anônimas preços justos pelas ações emitidas.

Aqui, rentabilidade normal está associada aos rendimentos obtidos pelos índices do mercado de ações (iremos tratar mais à frente deles), enquanto que, preço justo está relacionado com risco adequadamente avaliado. Assim, se o risco é adequadamente avaliado, o preço irá refletir um valor justo, caso contrário, em existindo uma inadequação, os participantes estariam dispostos a pagar um maior ou menor preço, conforme essa inadequação.

## Bases teóricas da Hipótese do Mercado Eficiente

As bases teóricas da Hipótese do Mercado Eficiente são dadas sob os argumentos que os participantes são racionais; que existem desvios de racionalidade além da possibilidade da arbitragem. A arbitragem ocorre quando um dos participantes tem vantagem sobre o outro por saber fazer a leitura das informações.

Logo, os participantes deste mercado tomam suas decisões com base em três tipos de informações:

(1) preços passados das ações;
(2) informações públicas da sociedade anônima;
(3) todas as demais informações do mercado financeiro.

Professor, qual o motivo dessa discussão? É que essas três informações apresentam impacto sobre o preço das ações. Quer o participante busque uma identificação de padrões nos preços passados, quer busque identificar que a sociedade anônima tem valor através das demais informações disponíveis.

## Formas para a Hipótese do Mercado Eficiente

Assim, quando na qualidade de participante, eu considero que as informações históricas sobre os preços das ações são úteis e de fácil obtenção e se, através dessas informações for possível identificar um padrão, qualquer outro participante poderá fazer isso e a rentabilidade maior iria desaparecer porque estaria disponível a todos. De maneira bem simples este é o conceito da forma fraca da Hipótese do Mercado Eficiente.

Há nos livros clássicos de finanças a forma semiforte. Para a forma semiforte os preços divulgados conseguem refletir toda a informação disponível publicamente, incluindo as informações da contabilidade.

Definida como uma ciência, através de demonstrações padronizadas (Balanço Patrimonial, Demonstração do Resultado do Exercício, Demonstração das Mutações do Patrimônio Líquido, Demonstração dos Fluxos de Caixa além da Notas Explicativas) busca revelar o patrimônio da sociedade anônima num dado período.

Professor, você não exagerou em tanta informação? Acredito que sim, mas foi proposital para descrever que o volume de informação sobre uma sociedade anônima requer análise apurada.

Se a Hipótese do Mercado Eficiente é considerada na sua forma forte é porque os preços são capazes de refletir todas as informações, sejam elas públicas ou privadas das sociedades anônimas.

O que pensar sobre tudo isso? Na forma fraca da Hipótese do Mercado Eficiente qualquer um de nós com alguma habilidade de programação e um computador poderia identificar padrões (gostamos de ordem onde tem aleatoriedade) e obter rentabilidade temporária maior até quando outros participantes também iriam identificar esses padrões e o processo coletivo poderia causar o desaparecimento da mesma.

Agora, na forma semiforte da Hipótese do Mercado Eficiente haveria necessidade de termos mais habilidades em economia e estatística e usá-las com o uso do tempo. Logo, ao demandar tempo, isso acabaria nos impondo custos sem a certeza de sermos bem-sucedidos.

Por fim, na forma forte da Hipótese do Mercado Eficiente é dificil acreditar que ao termos todas as informações não iríamos ter os melhores resultados, o que iria contrariar a ideia central da Hipótese do Mercado Eficiente sobre preço justo.

A questão para quem está tentando compreender o mercado de ações e fazer escolhas não é tão somente sobre preços passados das ações, informações públicas da sociedade anônima e todas as demais informações do mercado financeiro.

O problema é que existem participantes que sabem avaliar as evidências de maneira objetiva fazendo estimativas mais próximas para os preços das ações, além de agirem de maneira racional. Este é o investidor. Então, na bolsa de valores existem investidores e investidores comuns, e isso indica a existência de arbitragem num Mercado Eficiente cuja forma é semiforte.

## O termômetro para o mercado de ações

Como medir a rentabilidade deste mercado? Então, as bolsas de valores, responsáveis por facilitarem a transferência dos recursos financeiros, criam a partir de medidas ponderadas, índices do mercado de ações. No Brasil temos o Ibovespa.

Este índice tem a incumbência de, num determinado intervalo de tempo passado, medir a rentabilidade média de uma carteira hipotética de ações (conjunto de ações mais negociadas). O índice dá uma referência do comportamento do mercado de ações.

Para a Hipótese do Mercado Eficiente, os investidores comuns deveriam obter uma rentabilidade normal e as sociedades anônimas, preços justos pelas ações emitidas. E o que seria essa rentabilidade normal?

Seria acompanhar as rentabilidades auferidas pelo índice de mercado de ações. Embora, na nossa bolsa de valores já existem vários outros índices, iremos tratar como referência (*benchmark*) o mais tradicional que é o Ibovespa.

No entanto, no mercado existem investidores que querem obter rentabilidades maiores que as do mercado de ações, ou seja, "bater o mercado" através de um processo definido por gestão ativa.

De maneira simples, seria a capacidade de fazer a leitura dos três tipos de informações e tirar proveito de uma situação em que os preços das ações estejam subavaliados pelo mercado. Mas esse investidor, mesmo em busca de "bater o mercado", procura expor-se ao menor risco.

## Diversificação como alternativa à redução do risco

Para o mercado de ações, o conceito de risco passou a ser associado à parte que não desejamos de uma distribuição de probabilidades. O grande desafio agora é poder reduzi-lo. Isso mesmo, reduzi-lo. Professor, não dá para eliminar? Talvez, mas até agora ninguém divulgou como eliminar risco em aplicações com ações (se existe, é um segredo "guardado a sete chaves").

O que o modelo de diversificação revela? A ideia é que à medida que novas ações de diferentes segmentos econômicos são utilizadas na composição da carteira de ações, o risco, definido através da variância (medida estatística que interpreta qualquer diferença da rentabilidade, acima ou abaixo da rentabilidade média, como indesejada), é reduzido até um determinado limite.

Isto implica, portanto, naquilo que já acabamos de comentar. O risco não pode ser totalmente eliminado.

Mas, de que riscos estamos falando professor? Na composição de uma carteira de ações, o risco pode ser dividido em duas partes. Então, a partir de agora há um risco formado de duas partes com nomes bem característicos:

1. risco não diversificável;
2. risco diversificável.

O risco diversificável, também chamado de risco não sistemático, ou que não pertence ao sistema representa a parte do risco de uma sociedade anônima que está associado a causas aleatórias e que pode ser eliminado com a diversificação. Esta parte do risco é atribuível a eventos relacionados especificamente à empresa, tais como greves, ações judiciais, decisões de agências reguladoras e perda de um cliente importante.

O risco não diversificável, também chamado de risco sistemático ou que pertence ao sistema é atribuível a fatores de mercado financeiro (taxa de juros, inflação, taxa de desemprego, câmbio) que afetam todas as sociedades anônimas e não pode ser eliminado por meio da diversificação. E por não serem totalmente eliminados, o investidor acaba requerendo um prêmio por isso.

Em pesquisa realizada sob minha orientação, o aluno Tiago Santana, ao utilizar uma metodologia estatística robusta para avaliação de riscos, em nossa bolsa de valores, conclui no período de 2012 a 2016 que as ações ordinárias (direito a voto) eram mais arriscadas quando comparadas com as ações preferenciais (preferência de dividendo fixo ou mínimo).

Ou seja, no período analisado os investidores que compraram ações ordinárias possivelmente tiveram um prêmio de risco. Isso quer dizer que, por se exporem ao risco que não pode ser eliminado foram tão somente "remunerados" por essa exposição, uma vez que não há prêmio de risco para o risco diversificável.

## Princípios da diversificação

Então quais tipos de ovos devo colocar na cesta? Por favor, observe que a pergunta é diferente do que você costuma ouvir. Foram dois trabalhos de pesquisa na década de 50 (*Safety First and the Holding of Assets* de Andrew Roy e *Portfolio Selection* de Henry Markowitz) que deram uma aproximação fundamental ao modelo matemático de diversificação, ao fornecerem para o investidor uma ferramenta para selecionar ações levando em consideração rentabilidade e risco.

A despeito da quantificação da rentabilidade e do risco da carteira de ações, os princípios da diversificação, formulados sobre as bases destes dois trabalhos de pesquisa, foram:

- as rentabilidades das ações são consideradas como variáveis estocásticas, isto é, cada observação pode ser vista como aleatória com sua distribuição de probabilidade;

- as variáveis de decisão (o que o investidor deve decidir em termos do quanto investir em cada ação) interferem na rentabilidade e no risco.

Então, considerado como trabalho de referência sobre a diversificação de ações, o artigo *Portfolio Selection* do economista americano Henry Markowitz (Nobel de Economia em 1990), em 1952, forneceu esse modelo matemático para medir o risco e a rentabilidade da carteira de ações, determinando uma fronteira eficiente e nela escolher a carteira de ações ótima.

Assim, levando em consideração as premissas econômicas que somos racionais, egoístas e buscamos a maximização da nossa satisfação (termo utilizado pela escola neoclássica em economia) o modelo matemático foi desenvolvido.

Desta forma, medindo os riscos das carteiras de ações, através do valor da variância e as rentabilidades, com base nas rentabilidades ponderadas, a fronteira eficiente era formada por um espaço geométrico de diversas combinações das ações escolhidas, indicando várias possibilidades entre rentabilidades e variâncias.

Nessas diversas combinações haveria uma combinação ótima: aquela responsável pela maior rentabilidade e menor risco (variância).

Mas, posso aplicar esse modelo professor? Claro, alguém na década de 50 desenvolveu algebricamente isso, sem uso de computador ou processador algum e o que temos que fazer agora é aplicar algo que alguém pensou pela gente. Não há esforço algum, ao contrário, ele já foi feito.

Então, estamos com nossa vida resolvida? Não estamos. A redução do risco, medido através da variância da carteira de ações, pode ser obtida pela adição de outras ações, isso, contudo, dependendo da forma como as ações estão correlacionadas entre si. Assim, quanto menor essa correlação, menor o risco da carteira de ações.

No entanto, como as rentabilidades das ações se movem aleatoriamente no tempo, o quanto investir em cada ação pode não definir a variância desejada, num longo período.

Isto acontece porque as correlações entre as rentabilidades das ações podem mudar e, desta maneira, o quanto investir em cada ação definido anteriormente, não será capaz de definir a carteira ótima. Ou seja, as carteiras de ações devem sofrer mudanças na sua composição ao longo do tempo.

## Ao diversificar não "batemos o mercado"

Não é possivel "bater o mercado" somente com o uso da diversificação porque ela é tão somente uma ferramenta disponível para reduzir a exposição ao risco.

O propósito de "bater o mercado" está associado às escolhas das ações que irão na carteira de ações.

É mais fácil para um investidor acompanhar e monitorar empresas inovadoras e promissoras além das tradicionais e realizar a leitura dos informes contábeis e dos prospectos com essa gama de conhecimento do que o investidor comum. Com isso, o investidor irá saber fazer as escolhas mais adequadas das ações que irão compor a carteira de ações.

## O mercado de ações não segue uma normalidade

Infelizmente, não temos controle sobre tudo no mercado de ações, ou melhor, as rentabilidades das ações nem sempre estão distribuídas normalmente. O que quer dizer que podem estar distribuídas de maneira assimétrica. E Isso não é fácil de lidar.

Nos livros-texto o modelo de diversificação de ações baseava-se na ideia de que a distribuição das rentabilidades das ações assemelhava-se a uma curva normal. Curva normal? Que é isso professor?

Graças ao trabalho inicial do matemático francês Abraham de Moivre foi possível analisar o comportamento de uma série de eventos aleatórios. Assim, por volta de 1875 a curva que representava esse comportamento acabou recebendo o nome de curva normal. Então para ser uma curva normal sua característica é a simetria (igualdade) das rentabilidades observadas.

Neste sentido, numa curva normal a rentabilidade passada das ações indica que teremos um equilíbrio entre rentabilidades positivas e negativas. Conforme já dito, é possivel que a distribuição das rentabilidades das ações seja assimétrica, indicando desigualdade entre rentabilidades, e que não há normalidade.

Uma série de evidências indicam que, de modo geral, não sabemos lidar com probabilidades. A situação torna-se mais complexa quando os eventos aleatórios não seguem um comportamento normal (embora já existam alguns modelos para lidar com distribuições assimétricas), mas mesmo que sigam um comportamento normal, por não sabermos lidar com probabilidades passamos a fazer uso das chamadas probabilidades subjetivas.

# Heurísticas, sistemas, processos e aversão a perdas

## Buscando soluções por atalhos mentais

Quando não dominamos algumas situações-problema, fazemos uso das heurísticas. Consideradas como atalhos do nosso raciocínio, buscam, a partir de algumas informações, resolver problemas de difícil solução de maneira fácil.

Com isso, numa situação de definição do quanto comprar de cada ação, ao aplicar a regra 1/n (os acadêmicos classificam isto como diversificação ingênua) estamos dividindo nossas contribuições uniformemente entre as muitas opções oferecidas para nossa carteira de ações.

Caso tenhamos 5 ações para realizarmos nossa composição, a alternativa dada pela diversificação ingênua é a de 20% em cada uma das ações.

A utilização dessa regra tem uma longa história. Conforme explicam Shlomo Benartzi e Richard Thaler, numa nota de rodapé em *Naive Diversification Strategies in Defined Contribution Saving Plans*, a regra 1/3 foi recomendada por um rabino que deu o seguinte conselho "um homem deve sempre colocar seu dinheiro, um terço em terras, o outro terço em mercadorias e manter um terço na mão"

Observe que este último conselho pode gerar uma anedota. Acontece que a diversificação nem sempre proporciona os melhores resultados, maior rentabilidade e menor risco, quando definida por regra.

Então diversificar com base na regra diversificação ingênua não é o melhor caminho? Exatamente, não é o mais adequado. Tive oportunidade de orientar numa pesquisa o aluno Samir Salles e num período menor que o ano foi possível através da diversificação ingênua obter uma maior rentabilidade sobre menor risco. Depois, num período maior a eficiência da diversificação foi perdida.

Mas porque essa regra professor? Acredito que tenha espaço para comentarmos três importantes heurísticas só para entendermos que não estamos preparados para "bater o mercado".

## Heurística da representatividade

Ao avaliar uma situação, tendemos a buscar informações representativas de situações anteriores. Assim, realizamos a comparação de características identificadas nessa situação com base em estereótipos anteriormente definidos. Acontece que essa heurística pode levar a erros. Os mais comuns, conforme Daniel Kahneman são: viés da insensibilidade à probabilidade, insensibilidade ao tamanho da amostra, concepções errôneas da probabilidade, insensibilidade à previsibilidade, concepções errôneas de regressão à média e ilusões de validade.

O exemplo clássico dado por Amos Tversky e Daniel Kahneman, em 1974, demonstrou como falhamos na definição do papel do tamanho da amostra. Ao usarem a situação de uma cidade ser atendida por dois hospitais, criaram duas condições: no hospital maior nasciam cerca de 45 bebês por dia, e, no menor, 15 bebês por dia. Como se pode saber, aproximadamente, 50% dos bebês eram meninos. Todavia, a porcentagem exata variava dia a dia.

Durante o período anual cada hospital registrou os dias em que mais de 60% dos bebês nascidos eram meninos.

Depois da apresentação das condições, os professores indagaram aos estudantes qual hospital registraria o maior número de meninos? Primeiro hospital, segundo ou ambos.

A maioria dos entrevistados escolheu a última opção, acreditando que em ambos os hospitais isto aconteceria. Aparentemente temos alguma ideia básica do quão incomum é 60% de um evento aleatório ocorrer em uma direção. A estatística diz que é muito mais provável observar 60% de bebês do sexo masculino em uma amostra menor do que em uma amostra maior.

A teoria da amostragem descreve que o número esperado de dias com mais de 60% de bebês do sexo masculino é três vezes maior em um hospital pequeno, já que é menos provável que uma amostra grande se desvie da média. Entretanto, a maioria dos participantes julgou que a probabilidade seria a mesma em cada hospital, ignorando efetivamente o tamanho da amostra.

Nesse momento, cabe sim a pergunta: em que o nascimento de bebês pode auxiliar na proposta deste livro? O nascimento em si não ajuda em nada, mas, o exemplo é usado para lembrar de conceitos estatísticos que são importantes quando fazemos uso de informações, ou melhor, dos preços das ações.

Ao avaliarmos o comportamento dos preços da ação de uma sociedade anônima o tamanho da amostra é importante bem como seu comportamento em relação à média. Amostras pequenas tendem a respostas enviesadas.

## Heurística da disponibilidade

Assim, quando as informações da nossa memória afetam diretamente a avaliação sobre frequência, probabilidades ou até mesmo causas prováveis em função da nossa facilidade de imaginação ou das conexões emocionais que as informações apresentam acabamos sendo conduzidos por atalhos. Acontece que a heurística da disponibilidade pode levar a erros. Os mais comuns são: viés recuperabilidade de ocorrência, efetividade de um ajuste de busca e correlação ilusória.

Quando julgamos a frequência com que um evento ocorre pela disponibilidade das informações, um evento cujos exemplos são mais fáceis de serem recordados parece ser mais frequente do que um evento de igual frequência, mas cujo exemplos não são fáceis de serem recordados. Isto pode conduzir a erros, como por exemplo, recuperabilidade de ocorrência.

Então, não é incomum investirmos em ações cujas informações sejam mais frequentes na mídia. No entanto, nem sempre estas ações são as mais adequadas para a carteira de ações.

Em relação a efetividade de um ajuste de busca a nossa memória é responsável pela maneira como tomamos decisões. Isto ficou claro num outro experimento conduzido por Daniel Kahneman e Amos Tversky, sobre o número de palavras com sete letras (no idioma inglês) cuja terminação fosse ing versus o número de palavras com sete letras com a letra n na sexta posição. Os participantes indicaram existir um maior número de palavras com a terminação ing em relação a letra n na sexta posição pela facilidade de recuperação da informação.

No entanto, não podemos afirmar isto, porque as palavras de sete letras com terminação ing também apresentam a letra n na sexta posição. Isto pode ser péssimo para composição da carteira de ações. As escolhas podem ser em ações de sociedades anônimas que temos mais facilidade em recuperar a informação e talvez elas não sejam a melhor opção.

## Heurística do ajuste e ancoragem

Outro aspecto do nosso comportamento é que ao tomarmos algumas decisões, fazemos uso de ajustes que abrangem dois processos. O primeiro é relativo à âncora, através do qual temos uma representação ou valor inicial. O segundo refere-se ao ajuste, ou seja, as variações ou mudanças até um determinado estágio. Essa última heurística também pode levar a erros. Os mais comuns são ajuste insuficiente, viés da avaliação de eventos conjuntivos e disjuntivos e avaliação na distribuição de probabilidade subjetiva.

No ajuste insuficiente, a ancoragem ocorre não apenas quando o ponto de partida é fornecido, mas quando baseamos nossas estimativas no resultado de algum resultado incompleto.

Daniel Kahneman explica isso através de um estudo em que foram fornecidas a dois grupos de estudantes expressões numéricas em que os resultados estimados deveriam ser dados em 5 segundos. As expressões numéricas usadas para os dois grupos foram:

8 x 7 x 6 x 5 x 4 x 3 x 2 x 1
1 x 2 x 3 x 4 x 5 x 6 x 7 x 8

Como o prazo para resolução foi curto, os ajustes foram insuficientes e levaram a resultados equivocados. No entanto, no experimento foi percebido: as estimativas realizadas pelo grupo de estudantes responsáveis pela primeira expressão numérica foram maiores, quando comparadas com as estimativas realizadas pelos estudantes responsáveis pela segunda expressão numérica.

Isto deveu-se ao fato de que na primeira expressão numérica da esquerda para direita os números eram maiores, quando comparados com os da segunda expressão.

Mas, professor o que essas expressões numéricas de rápida resolução nos ajudam para "bater o mercado"? Elas demonstram que na resolução de problemas cujas estimativas numéricas sejam intuitivas, as âncoras (na primeira expressão numérica os maiores números e na segunda expressão os menores números) podem conduzir a resultados equivocados.Então, ter tão somente os preços de pico de uma ação numa tomada de decisão rápida pode conduzir a resultados desfavoráveis, uma vez que eles serão âncoras.

## Tirando conclusões precipitadas

De maneira geral, somos propensos a tirar conclusões precipitadas. Essa ideia está associada à clássica frase "*What you see is all there is*" (abreviatura para WYSIATI, criada por Kahneman) ou "o que você vê é tudo que há".

Há, portanto, um conforto cognitivo e uma tendência a demonstrar excesso de confiança (*overconfidence*) quanto à infalibilidade dos nossos julgamentos, indicando que podemos sobrestimar nossas habilidades perceptivas, acreditando que podemos sempre ganhar do mercado de ações.

Tal característica está presente na maioria da população mundial. Estudos comprovam que nos consideramos acima da média no que diz respeito as nossas habilidades como motoristas, relacionamento com outras pessoas, capacidade de liderança e de orçamento familiar (embora o número de acidentes no trânsito seja elevado, o número de divórcios tenha aumentado nos últimos anos, os cursos em gestão e liderança ainda são procurados por executivos e as famílias continuam endividadas).

O excesso de confiança acaba explicando o elevado número de operações de compra e venda de ações num mesmo dia. Por acreditar que é melhor que o mercado, esse investidor comum, acaba esquecendo a importância da diversificação.

Isto está disponível em alguns estudos entre eles o dos economistas Brad Barber e Terrance Odean no *Journal of Finance*, divulgado no ano de 2000.

Ao analisarem as operações no mercado de ações, os economistas verificaram que as maiores alterações na composição das carteiras de ações tiveram menores rentabilidades do que aquelas carteiras de ações com menores alterações.

## Somos falíveis: processos controlados e automáticos

Começamos a perceber que não somos tão somente racionais e a racionalidade limitada (termo atribuído nas pesquisas do psicólogo Herbert Simon) é uma realidade. Logo é inevitavel não comentar sobre processos cognitivos e afetivos. Mas, professor, o que são processos cognitivos e afetivos?

Apresento em sala de aula que a primeira distinção entre eles foi dada em 1977, pelos professores de psicologia Walter Schneider e Richard Shiffrin. Para eles os processos cognitivos são aqueles que respondem as questões do tipo verdadeiro ou falso enquanto que os processos afetivos nos motivam pela aproximação ou repulsão.

Os processos afetivos incluem emoções, a exemplo da raiva, tristeza e vergonha, como também as manifestações biológicas de fome, dor e libido.

Mas, por que citar isto é importante? As diferenças entre os modos como tomamos decisões têm sido observadas na tentativa de compreender os resultados, aparentemente contraditórios, em condições de risco e explicar que temos dificuldades em lidar com informação em cenários instáveis.

Na teoria há um acordo sobre as características que distinguem dois tipos de processos cognitivos: o Sistema 1 e o Sistema 2, ou seja, o processo automático e o processo controlado.

As dinâmicas que envolvem a concorrência entre os processos controlados e automáticos foram caracterizadas em 2000 pelos psicólogos Keith Stanovich e Richard West.

Os livros clássicos de psicologia explicam que as operações pertencentes ao Sistema 1 são tipicamente rápidas, automáticas, sem nenhum esforço, associativas, implícitas e, portanto, não disponível para introspecção, frequentemente carregadas emocionalmente, uma vez que são regidas por hábitos e, por isso, temos dificuldades de controlá-las ou modificá-las.

Estamos falando de hábitos e muitas vezes os hábitos podem não nos conduzir à maximização da satisfação.

As operações do Sistema 2 são mais lentas, seriais, deliberadas e conscientemente controladas; relativamente flexíveis e potencialmente regidas por regras. Eu costumo explicar em sala de aula que, quando comparadas com a primeira, as operações do Sistema 2 são mais custosas no sentido de requererem mais tempo para uma tomada de decisão.

Assim, as tarefas cognitivas indicam se um determinado processo pertence ao Sistema 1 ou ao Sistema 2. A figura extraída do artigo *A Perspective on Judgment and Choice*, de Daniel Kahneman, apresenta de forma clara as relações entre as características desses sistemas.

<table>
<tr><td>PERCEPÇÃO</td><td>Sistema 1<br>INTUIÇÃO</td><td>Sistema 2<br>RACIOCÍNIO</td></tr>
<tr><td colspan="2">Rápido<br>Paralelo<br>Automático<br>Sem esforço<br>Associativo<br>Aprendizagem lenta<br>Emocional</td><td>Lento<br>Serial<br>Controlado<br>Com esforço<br>Regulado<br>Flexível<br>Neutro</td></tr>
<tr><td>Percepção<br>Estimulação</td><td colspan="2">Representações Conceituais<br>Passado, Presente e Futuro<br>Uso da Linguagem</td></tr>
</table>

Portanto, é possível concluir que as características do Sistema 1 são semelhantes às características dos processos definidos como automáticos e as características do Sistema 2 assemelham-se às dos processos definidos como controlados.

Conforme a figura, as decisões intuitivas tratam de conceitos como também de percepções e podem ser verbalmente explícitos através da linguagem. Essa intuição descrita pelo do Sistema 1 gera impressões dos atributos dos objetos, mas tais impressões não são nem voluntárias nem verbalmente explícitas. Todavia, todas as decisões que tomamos são sempre intencionais e explícitas, mesmo quando não são expressas abertamente.

O Sistema 2 passa a estar envolvido em todas as decisões, quer sejam originárias das intuições ou do raciocínio. O rótulo intuição é aplicado às sentenças que refletem diretamente impressões e não podem ser modificadas pelo Sistema 2.

Uma das funções do Sistema 2 é acompanhar a qualidade das operações mentais e do comportamento. Assim a função autocontrole é suscetível a dupla tarefa de interferência. Com isso, quando estamos muito ocupados com uma atividade mental (por exemplo, numa tentativa de memorizar vários dígitos) somos mais susceptíveis a dar respostas a outra tarefa conforme o que nos vem à mente.

Lembro que em sala de aula há por parte dos alunos uma queixa sobre o autocontrole, principalmente quando o assunto é orçamento familiar. Então é possivel que o Sistema 1 possa exercer, em algumas situações, soluções para tomada de decisão desses alunos.

Sua ausência é explicada pela hipótese sobre o que aconteceria se as operações do Sistema 2 fossem interrompidas. Portanto, o acompanhamento do Sistema 2 existe, mas é normalmente frouxo, permitindo que decisões intuitivas possam ser expressas, inclusive mesmo que algumas delas estejam erradas.

Por que todos esses conceitos, professor? É que para lidar com a compra e venda de ações são necessárias decisões sobre condições de risco, ou melhor, é preciso saber lidar com a escolha entre opções e nem sempre o Sistema 2, aquele responsável por nossas decisões controladas, está disponível, para o investidor comum considerando que o mesmo não executa uma única tarefa, ao contrário, às vezes está envolvido com atribuições inerentes ao exercício de sua profissão.

Sobre essa indisponibilidade do Sistema 2, vamos recorrer a um experimento realizado em 2003, pelo professor americano em ciências das decisões Shane Frederick, com estudantes da Universidade de Michigan e de Princeton.

No experimento foi possível demonstrar que o monitoramento entre os Sistema 2 sobre o Sistema 1 é frouxo. Para chegar a essa conclusão, os estudantes tiveram que responder ao seguinte questionamento: se um taco e uma bola custam U$1,10 no total, e o bastão custa U$1,00 a mais do que a bola, qual o custo da bola?

Quase todos os questionários mantiveram uma tendência de responder 10 cents, porque a soma U$1,10 separa naturalmente U$1,00 e U$0,10. A pesquisa verificou que estudantes com elevado desempenho tiveram esta intuição imediata: 50% (47/93) de Princeton e 56% (164/293) dos estudantes da Universidade de Michigan deram a resposta errada (uma vez que a bola deve custar U$0,05 para que o taco custe U$1,05). Isto se deve ao fato de que os alunos ofereceram uma resposta sem verificá-la.

A taxa de erros no experimento ilustra como a saída do Sistema 1 é monitorada pelo Sistema 2. Como os estudantes não estavam acostumados a pensar rápido ou muitas vezes confiaram no domínio dos conteúdos e acabaram oferecendo como resposta uma sentença que rapidamente veio à mente. Quando isso acontece, não há dúvidas que péssimas escolhas podem acontecer.

Em outro experimento realizado em 1992, pelos psicólogos Lee Kirkpatrick e Seymour Epstein, foi possível observar divergências entre os julgamentos explícitos de probabilidades em diferentes cenários e julgamentos implícitos.

No experimento percebeu-se uma preferência dos participantes em pegarem um grão de um recipiente contendo 10 grãos vencedores e 90 grãos perdedores em relação a pegar um mesmo grão num recipiente contendo 1 grão vencedor e 9 grãos perdedores.

Os participantes do experimento deveriam saber que as probabilidades explícitas de ganhos eram as mesmas para os dois recipientes, mas, mesmo assim, apresentaram uma preferência (intuitiva do Sistema 1) pelo recipiente com maior número (valor absoluto) de grãos vencedores.

Outro estudo que apresento em sala de aula foi realizado pela psicóloga Veronika Denes-Raj e Seymour Epstein, com setenta e nove estudantes universitários (30 homens e 49 mulheres), permitiu que os mesmos pegassem de olhos vendados uma bala na cor vermelha de um dos dois potes disponíveis.

Num deles existiam dez balas e uma delas era da cor vermelha. No segundo pote existiam cem balas, dentre as quais cinco eram vermelhas. As chances de obter sucesso eram de 10% para o primeiro pote e de 5% para o segundo.

A maior parte dos estudantes universitários decidiu pegar a bala do pote que continha as cinco balas na cor vermelha. Novamente, o valor absoluto teve uma influência na escolha do pote, embora as chances fossem maiores no primeiro pote.

Mas, professor, decidir-se por ações não é fazer escolhas entre grãos ou balas num recipiente. Sim, isso é bem verdade, mas quando lidamos com ações, conforme visto nos conceitos de Hipótese do Mercado Eficiente, existem três tipos de informações, e uma delas é: preços passados das ações.

Os preços passados constituem uma série temporal: uma sequência de observações de uma variável ao longo de um intervalo de tempo. O tratamento das séries temporais requer conhecimentos e domínio sobre probabilidade além de saber fazer escolhas em condições de risco.

Mas, segundo Daniel Kahneman, somos fortemente propensos a explicações causais e não lidamos com estatística (para aqueles que fazem uso das informações públicas da sociedade anônima e, portanto, poucas estatísticas, é preciso lembrar que elas continuam sendo informações passadas, favoráveis a explicações causais).

Nosso comportamento tem afastado o desempenho considerado normativo, de acordo com os modelos racionais de tomada de decisão. Esta defasagem entre os aspectos normativos e os descritivos pode ser interpretada como indicativa da racionalidade limitada.

No entanto, quatro interpretações alternativas preservam o pressuposto que o nosso comportamento e a cognição são amplamente racionais. Para Keith Stanovich e Richard West, no trabalho de pesquisa *Individual Differences in Reasoning: Implications for the Rationality Debate?* esta defasagem é devida a:

- erros de desempenho;
- limitações computacionais;
- norma mal aplicada pelo experimentador;

- uma construção de diferentes tarefas pelos sujeitos.

As discussões sobre nossa racionalidade têm evoluído e independentemente das causas dessa defasagem vale a pena discutir quando tomamos decisões em condições de risco sob um novo enfoque, uma vez que as evidências indicam que o investidor comum tem dificuldades em lidar com informações deste mercado de ações.

## Teoria das Perspectivas e as decisões em condições de risco

Além da intuição e do raciocínio, a percepção (considerando o risco) passou a ser analisada pela psicologia. Com base nela, um estudo promovido por Daniel Kahneman e Amos Tversky, em 1979, revelou que a avaliação dos resultados obtidos era incompatível com a interpretação padrão, dada pela maximização da satisfação. Tal deficiência podia ser atribuída ao ensaio de Daniel Bernoulli, que introduziu a primeira versão dessa teoria.

A contribuição dada por Daniel Kahneman e Amos Tversky foi abandonar a forma padrão de avaliar a satisfação através da média ponderada dos seus resultados, cada um, pela sua probabilidade. Para os autores, o modelo de Daniel Bernoulli era imperfeito porque sua referência era independente. O modelo assumia que a satisfação atribuída a um determinado estado de riqueza não variava de acordo com o estado inicial da riqueza.

Este pressuposto é contrário a um princípio básico da percepção, através do qual o estímulo eficaz não é o novo nível de estimulação, mas a diferença entre ele e o novo nível. A analogia usada pelos dois psicólogos sugere que a nossa percepção seja sobre os ganhos e as perdas, em vez de estados de riqueza, e esta sugestão é amplamente apoiada por provas experimentais e observações obtidas por eles.

Isto aconteceu porque as preferências foram determinadas pelas atitudes para ganhos e perdas, definidas em relação a um ponto de referência, mas que Daniel Bernoulli e seus sucessores não conseguiram incorporar. A figura ajuda a compreender o comportamento diante de situações de ganhos e perdas.

A parte superior direita da figura representa os ganhos obtidos bem como o valor percebido. Observamos que a inclinação da curva diminui à medida que ela se move para a direita. Assim, à medida que a quantidade de ganho obtido aumenta, o valor percebido aumenta numa proporção menor.

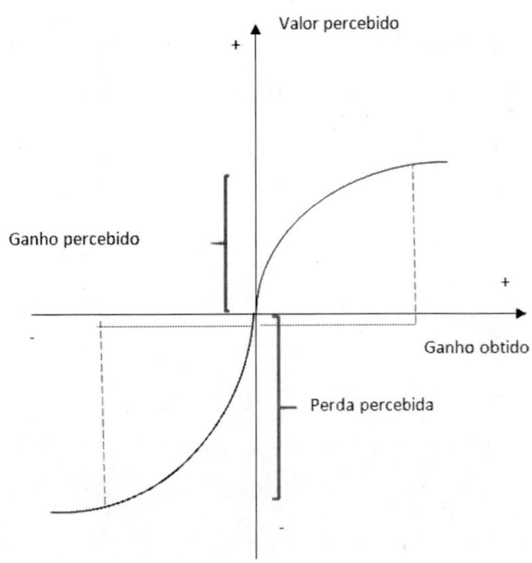

A parte inferior esquerda do gráfico representa as perdas obtidas bem como o valor percebido. Observamos que a inclinação da curva aumenta à medida que ela se move para a esquerda. Assim, à medida que a quantidade de perda obtida aumenta, o valor percebido aumenta numa proporção maior.

De outra forma, observe novamente na figura que as chaves do lado esquerdo representam o ganho percebido em relação a um determinado valor positivo. Para o mesmo valor, só que negativo, as chaves do lado direito representam uma perda percebida e ela é maior quando comparada com o ganho percebido.

Em alguns experimentos, isto foi verificado através de duas propostas. Para a primeira proposta foi questionada a aceitação de um empreendimento arriscado com 50% de chance para ganhar $150,00 e 50% de chance para perder $100,00.

Os participantes rejeitaram a aposta com até a mesma chance de ganhar e de perder porque o possível ganho não era pelo menos duas vezes a possível perda. Estudos anteriores indicavam que somos, em média, aproximadamente duas vezes mais sensíveis a perdas do que aos ganhos.

Para a segunda problemática foram questionadas duas escolhas: entre perda de $100,00 com certeza ou 50% de chance para ganhar $50,00 e 50% de chance para perder $200,00. A escolha sem risco parece mais atraente, no entanto, resultados experimentais indicaram preferências por apostas para uma maioria dos respondentes em escolhas deste tipo.

Diferente do modelo proposto por Daniel Bernoulli que indicava que as preferências que envolviam ganhos como as preferências que envolviam perdas apresentam pesos simétricos, o modelo proposto por Daniel Kahneman e Amos Tversky, definido como Teoria das Perspectivas, indicava que as preferências são definidas sobre ganhos e perdas relativos a um valor de referência, levando em consideração que somos mais sensíveis a perdas.

Assim, o aspecto importante da Teoria das Perspectivas é valor de referência. Ele é útil porque a partir dele é possível perceber os ganhos e as perdas no mercado de ações. Assim, quando existe uma perda somos inclinados a não vender a ação (realizar a perda) mesmo que isso seja necessário para a diversificação da carteira e objetivos de longo prazo.

Não há dúvidas: não gostamos de perder. Para Barry Schwartz quando compramos um par de sapatos e os mesmos se mostram desconfortáveis levaremos mais tempo para doá-los quanto mais caro ele tenha sido e, novamente isso pode ser péssimo quando estamos lidando com o mercado de ações.

As discussões sobre nossa racionalidade têm evoluído de forma que a busca por entender como compramos ações passou a compreender a confiança generalizada a que nós estamos submetidos, ou seja, também é necessário confiar no sistema financeiro, nas operações que são realizadas e nos diversos investidores comuns que fazem parte do nosso convívio social.

# O papel da confiança generalizada e as relações sociais

## Sociedades Anônimas, mercado de ações e confiança

Em sala de aula, as discussões tentam demonstrar aos alunos que um dos desafios do Sistema Financeiro Nacional é permitir que a poupança formada na economia seja canalizada ao melhor investimento. Sem dúvida alguma, nesse ponto é pura diversão quando estou em sala. Mas, professor, eu vou dizer que a poupança será convertida em investimento? O que meus pais irão falar, que estou perdendo tempo na universidade?

Essa confusão deve-se a ideia de que quando poupamos, estamos investindo. Quando poupamos, estamos fazendo, conforme recomendações (amigos, leitura, mais recentemente dos influenciadores do mercado financeiro além do seu gerente de banco ou corretor) aplicações financeiras.

Sustento isso, pois, estamos em sala de aula e não posso desviar dos aspectos teóricos (para nós, acadêmicos, essa questão é importante). E para a economia, investimento não é fazer aplicação financeira, ao contrário, investimento é ir ao mercado em busca de recurso financeiro.

Para as sociedades anônimas existem duas possibilidades de buscar recursos financeiros: capital de terceiros (ou dívidas através da emissão de títulos de dívida privados, também conhecidos como debêntures) e de capital próprio (capital patrimonial) ou emissão de ações.

Qual deles é mais caro? Em teoria, o capital próprio, por "carregar" mais risco quando comparado com o capital de terceiros é mais caro para as sociedades anônimas. Não fique assustado, a maior parte dos meus alunos e, você não poderia ser diferente, acredita nisso. O capital próprio ou emitir ações é mais custoso para as sociedades anônimas uma vez que os investidores não estarão tão somente preocupados em receber juros e ter seu capital de volta. Agora, eles estarão interessados no futuro da empresa e levarão em conta todas as perspectivas "descontando" nos preços das ações.

No entanto, é a alternativa que as empresas têm para continuarem seus projetos de expansão. Atualmente, estou orientando o aluno Geovane Azevedo sobre os motivos da abertura de capitais nos últimos 10 anos no Brasil e a relação com a taxa de juros.

E por que essa pesquisa é importante? Hoje, a maior vantagem para aqueles que querem "bater o mercado" é a vantagem informacional. Quais são as fontes de informação do investidor comum? Posso assegurar que não sejam as mesmas do investidor.

De uma forma bem simplista, cabe ao investidor fazer uma "leitura" da capacidade da sociedade anônima gerar lucro, ter caixa e pagar dividendos no longo prazo.

Nesta leitura, que requer conhecimento, estão disponíveis em nossa bolsa de valores pouco mais de 300 empresas, entre elas algumas (*small caps* ou baixa capitalização) que podem (ou não) gerar lucros extraordinários elevando consideravelmente seus preços. O grande erro é que todo o recurso financeiro do investidor comum seja depositado nesse "cavalo azarão".

Recentemente, fiz no Instagram a provocação: Enquanto que a Companhia aérea Azul foi ao mercado buscar cerca de R$ 1,65 bilhões através da emissão de ações (capital mais caro) a Petrobras levantou U$ 4 bilhões (isso mesmo, de dólares) através de dívidas (capital mais barato). Observamos que são duas diferentes realidades, ou seja, empresas com capitalizações distintas.

Então parece algo errado: o professor acabou confundindo os custos dos capitais ou os gestores financeiros dessas companhias não conhecem nada de mercado financeiro. Eu tranquilizei os alunos, nem uma coisa nem outra.

Não podemos esquecer que as sociedades anônimas, assim como as famílias têm uma capacidade de endividamento. Então, para o caso da Companhia aérea Azul não era possível tomar aquele volume de empréstimo.

Como os projetos de expansão eram importantes, a única alternativa foi "contratar" pela emissão de ações. Já a Petrobras tinha tal capacidade e optou pela melhor decisão, emitir dívidas cujo custo é menor quando comparado com a emissão de ação.

Mas, professor, o que confiança ajuda nessa história? Sistemas financeiros maduros e bem regulamentados tendem a permitir que o volume transacionado seja maior, ou melhor, que essas operações citadas no Instagram tivessem ocorrido.

Eu costumo dizer que nosso mercado de ações, quando comparado com o de outros países, está em fase de amadurecimento (volume de operações, número de investidores e de empresas listadas em bolsas de valores em crescimento).

Sabendo da importância da confiança para que as operações de transferência de recursos aconteçam entre as partes, o nosso Sistema Financeiro Nacional tem evoluído. Sendo constituído por órgãos normatizadores, entidades supervisoras além dos operadores, costumo dar destaque maior em sala de aula à Comissão de Valores Mobiliários.

Através de uma série de atividades, a Comissão de Valores Mobiliários tem buscado pela transparência dar credibilidade às operações que ocorrem com os valores mobiliários e em especial com as ações das sociedades anônimas.

## Confiança generalizada e participação no mercado de ações

Então, confiança ajuda? Sem dúvida. Para o professor de economia comportamental, Paul Zac, nós somos uma espécie altamente social e a decisão de investir acaba exigindo do investidor comum não só uma avaliação do risco e da rentabilidade com base nos dados existentes, mas, também, em quem fornece as informações e que todo o sistema é confiável.

Episódios como a falência de algumas empresas não podem alterar a distribuição de preços das suas ações, mas podem alterar a confiança fundamental que o sistema financeiro oferece para os investidores.

De forma geral, não iremos participar de um jogo de três cartas jogado na rua, sem antes termos observado uma série de rodadas e assim conseguirmos uma estimativa do quanto ele é confiável.

Mas, professor, já existem estudos que tratam sob o assunto? Existem e um deles é uma pesquisa, *The Neuroeconomics of Trust,* realizada em 2007, que conseguiu verificar que quando não estamos familiarizados com o mundo das finanças e com o mercado de ações, não apresentamos comportamento diferente daquele que teríamos sobre o jogo com três cartas.

Assim, há necessidade de ter-se confiança na justiça do jogo e na confiabilidade das informações para participar.

O intuito da pesquisa realizada em 2007 foi o de verificar o papel da confiança para explicar as diferenças na participação do mercado de ações entre países. A confiança foi definida como a probabilidade subjetiva dos investidores comuns atribuírem à possibilidade de serem enganados.

A probabilidade subjetiva era parcialmente baseada em características objetivas do sistema financeiro a exemplo da qualidade da proteção e da execução de suas operações.

Mas, a confiança também reflete as características subjetivas desses investidores comuns. Diversidades na formação educacional enraizadas na sua história ou até mesmo na educação religiosa podem criar, segundo a pesquisa, diferenças consideráveis nos níveis de confiança entre os investidores comuns, suas regiões e até mesmo entre países.

Para Paul Zac tal diferença entre as crenças podem persistir uma vez que o aprendizado, sobre a probabilidade de uma verdade a respeito de um evento muito raro (esse assunto é tratado no livro A lógica do Cisne Negro de Nassim Taleb), pode levar um longo tempo para ser compreendido.

Por isso, os investidores comuns desempenham um papel importante mesmo quando não estão familiarizados com as informações do mercado de ações. Se a confiança é suficientemente baixa, poucos irão participar e acumular informações para atualizarem seus dados. Além disso, quando a desconfiança está profundamente enraizada, estarão em dúvida sobre quaisquer informações que obtenham e, desta forma, acabam ignorando as mesmas.

O modelo testado por Paul Zac não só forneceu implicações, como ideia da importância econômica do fenômeno. Na ausência de qualquer custo de participação, um baixo nível de confiança explica por que uma grande parte dos investidores comuns não procura o mercado de ações.

Mais do que isso, a falta de confiança amplifica o efeito dessa participação. Assim, o nível de confiança entre os investidores comuns foi suficiente para indicar a participação de alguns dos mais ricos investidores nos Estados Unidos, bem como das diferenças na taxa de participação entre outros países.

Para isso, fez-se uso de uma amostra de domicílios, no outono de 2003, incluindo algumas perguntas específicas sobre a confiança, atitudes de aversão ao risco e de otimismo, para 1.943 domicílios. Foi possível medir o nível de confiança generalizada, solicitando a amostra, a seguinte pergunta:

você diria que a maioria das pessoas pode ser confiável ou você tem que ter muito cuidado ao lidar com as pessoas?

Os resultados indicaram que os investidores comuns são significativamente mais propensos a comprar ações e ativos de risco e, na condição de comprarem ações, compram uma parcela maior de sua riqueza. Este efeito foi economicamente muito importante: confiar no próximo aumentou a probabilidade de compra de ações em 50%.

Então devemos confiar nas informações disponíveis no mercado e principalmente nas declarações (influenciadores digitais) em redes sociais, como o YouTube e Instagram, ainda que sob a observação "não se trata de recomendação de investimento" ou "são meramente opiniões pessoais"?

Não necessariamente devemos confiar, mas é possivel que o investidor comum busque informações do mercado de ações daqueles do seu convívio social além dos comentários disponíveis nas redes sociais.

Mas, para esse mercado de ações não perder credibilidade contamos com a Comissão de Valores Mobiliários que está atenta a todo o tipo de divulgação que possa influenciar o investidor comum na compra ou venda de uma determinada ação.

Nesse momento o investidor comum deve estar atento à credibilidade das declarações: conforme já falamos neste livro, um corpo de argumentos teóricos emitidos por profissionais experientes e certificados pelo mercado tem relevância.

A expressão "desempenho passado não é garantia de resultados futuros" continua valendo. Mas, professor, por que continua valendo? Porque estamos lidando com observações que podem ser vistas como aleatórias.

Quando existe confiança generalizada entre investidores comuns e o próprio sistema financeiro em que operam temos benefícios? A pesquisa desenvolvida por Paul Zac avaliou se a maioria dos povos poderia ser confiada, ou se era preciso algum cuidado para lidar com outros povos. Os dados obtidos demonstraram uma variação.

Assim, 3% dos brasileiros e 5% dos peruanos responderam afirmativamente a primeira pergunta, enquanto que 66% dos suecos e 60% dos noruegueses, respectivamente, responderam que também confiam em outros povos.

Há para o pesquisador uma explanação simples para explicar essa confiança bilateral. Os comportamentos cooperativos são sustentados também quando existem ganhos mútuos da cooperação, contanto que as interações dessa repetição ocorram por um futuro indefinido.

Esta explanação para a problemática analisa a confiança generalizada porque muitas transações ocorrem somente de uma vez, ou se repetem para somente um número finito de épocas.

As investigações sobre como decidimos confiar e sermos de confiança são raras. Embora a psicologia tenha estudado a confiança, a literatura econômica centrou-se mais sobre atributos individuais do que nos ajustes particulares dessa interação.

Assim, as variações sugeridas entre os povos aconteceram não porque os brasileiros são diferentes dos noruegueses, mas porque o ambiente em que as interações aconteceram foi diferente.

Embora a pesquisa seja datada de 2007 e nosso mercado de ações tenha evoluído, o volume de operações financeiras fora do mercado de ações ainda é considerado elevado quando comparado com o volume de operações em outras economias cujo mercado de ações é maduro.

Mas, por que insistir tanto em confiança? Investir no mercado de ações é investir em longo prazo: sonhos, aspirações, desejos estão todos depositados em decisões. Nisso tudo deve-se confiar também no sistema.

Vamos transitar entre o prático e o teórico. Assim, neste último aspecto, através da biologia evolutiva, que identifica quanto se espera que se preocupem com o bem-estar do outro como uma função da proporção de genes compartilhados, Paul Zak e o professor de economia Stephen Knack, numa outra pesquisa divulgada em 2001 e intitulada *Trust and Growth*, construíram um modelo de equilíbrio dinâmico geral.

A pesquisa foi importante porque conseguiu demonstrar que o grau de confiança generalizada num país é inversamente relacionado com os custos associados com as operações de cumprir um contrato de aplicação financeira. Isso mesmo: a confiança generalizada é inversamente relacionada com custos associados as operações de cumprir um contrato. Simplificando: custos baixos, grau de confiança generalizada elevada.

A confiança depende do ambiente social, do ambiente legal (como os contratos são efetivamente executados por instituições formais), e do ambiente econômico. Como a renda aumenta, vamos confiando uns nos outros, porque com o aumento da desigualdade de renda, é mais provável que nosso parceiro comercial seja indigno de confiança, uma vez que as diferenças entre as partes servem de incentivos ao engano.

Mas as conclusões não terminam. Outros testes empíricos feitos por Paul Zak e Stephen Knack mostraram que nas sociedades que são menos heterogêneas em relação à renda, ao idioma e a etnia existe uma maior confiança porque os laços sociais entre as partes, que são semelhantes, favorecem o cumprimento dos seus contratos.

Por razões semelhantes, as sociedades que são justas no sentido de apresentarem uma menor discriminação econômica apresentam também uma maior confiança.

Ou seja, os formuladores de políticas econômicas ainda têm um longo caminho a ser percorrido, embora pouco diferente dos anos 2000 quando iniciei minhas aulas de mercado de capitais. Evoluímos, mas ainda existem atividades a serem realizadas em favor das relações sociais.

## Políticas governamentais impactam na confiança

Uma frase marcante: a educação custa um mundo. E é isso que nós professores pesquisadores desenvolvemos ao longo de anos nas universidades, nas palestras e nos seminários. Com certeza, poucos seguem os ensinamentos ou por pouca maturidade conseguem perceber a longo prazo.

No passado, particularmente apostava nas aplicações financeiras individuais. Nos últimos anos tenho percebido que, embora elas sejam uma alternativa, as aplicações coletivas podem proporcionar melhores rentabilidades. Além disso, se falamos de coletividade, estamos falando da possibilidade dos recursos financeiros serem geridos por um investidor.

As mudanças podem ser impulsionadas por políticas governamentais. Alguns trabalhos de pesquisas indicam uma relação de Produto Interno Bruto elevado com mercado de capitais (mercado de ações faz parte dele) amadurecido. Logo, quando as políticas governamentais estão atentas a essas evidências, o caminho do crescimento econômico é favorecido.

Mas, de que tantas evidências estamos falando? Em *Building Trust: Public Policy, Interpersonal Trust and Economic Development*, novamente, Stephen Knack e Paul Zak avaliaram a existência de uma relação custos versus benefícios para as políticas que os governos poderiam implementar com o objetivo de aumentar os níveis de confiança entre os investidores comuns de uma nação.

Para avaliar os custos versus benefícios, a pesquisa considerou todas aquelas políticas que produzem um maior aumento na rentabilidade, por conta do aumento da confiança em relação aos custos para implementá-las. Assim, descobriu-se que muitas políticas são capazes de aumentar a confiança, e algumas afetam múltiplos aspectos do ambiente econômico, por exemplo:

- a educação apresenta três efeitos importantes, como o aumento da qualidade das instituições formais que executam os contratos, a diminuição da desigualdade de renda e o aumento direto da confiança, aumentando as rentabilidades;

- a liberdade de imprensa e liberdade civil aumentam a qualidade das instituições civis e, assim, a confiança entre as pessoas de uma nação;

- os telefones e as estradas diretamente podem aumentar a confiança, aumentando os laços sociais entre as partes que interagem;

- as transferências do governo para reduzir as desigualdades de renda, também, aumentam a confiança entre as pessoas.

Logo, a análise dos professores mostrou que os níveis de confiança generalizada podem ser afetados pelas políticas públicas. No entanto, os professores chamam a atenção para o fato de que poucas políticas analisaram o custo efetivo. Ou seja, a pesquisa concentrou-se apenas na determinação da rentabilidade e no efeito da política na confiança e desta maneira nas rendas.

Por exemplo, a construção de uma nova estrada pode aumentar a confiança, porque aumentam as interações sociais, mas também, tem um impacto direto sobre o crescimento econômico, uma vez que reduz o custo de obtenção de mercadorias na economia e, este aspecto foi ignorado na pesquisa, já que a mesma se concentrou exclusivamente na confiança baseada em políticas de crescimento.

Em relação aos múltiplos aspectos do ambiente econômico, duas políticas, de forma inequívoca, foram responsáveis pelo aumento da renda, alterando positivamente a confiança mais que o custo para implementá-las. Foram elas: educação e transferências de renda.

Infelizmente, em sala de aula tenho acompanhado alunos com um propósito bem definido: ser aprovado nas disciplinas. A sensação que tenho é que para esses estudantes o aprendizado virá no mercado de trabalho.

Mas, investir em educação é lidar com o volume de informações disponível. Em recente trabalho de pesquisa, a aluna Fernanda Martins, mapeou a produção literária em finanças pessoais a fim de verificar, identificar e mensurar como o uso de atalhos para tomada de decisões era explorado e responder as principais características da produção literária sobre finanças comportamentais aplicadas à área de finanças pessoais.

Dos livros selecionados para o estudo, os quais foram encontrados em sites de livrarias, editoras e autores, pode-se verificar a extensiva quantidade de livros que abordam o tema finanças pessoais, porém, em contrapartida, o número de livros que abordam conteúdos que abrangem o assunto de finanças comportamentais não conseguiu representar a metade das publicações. Para a autora dos 105 livros listados, 27, cerca de 26% da amostra, tratavam dos assuntos relacionados às finanças comportamentais.

Assim, temas como a pesquisa de Stephen Knack e Paul Zak ao não serem explorados nos livros deixam de esclarecer que é difícil "bater o mercado". Mas se é difícil "bater o mercado" a educação perde importância? De forma alguma.

A pesquisa conduzida por Fernanda Martins demonstrou que a maior parte dos livros ao focar nos produtos financeiros e em instrumentos para avaliação perdeu a oportunidade de discutir que não estamos preparados para o mercado de ações e para lidar com recursos financeiros.

O reconhecimento disto pode ser visto no estudo da Organização para Cooperação e Desenvolvimento Econômico intitulado *Improving Financial Literacy Analysis of Issues and Policies*, em 2005, que revelou ao analisar em 15 países:

1. em todos eles a maior parte da população tem dificuldade de gerenciar suas aplicações financeiras;

2. as informações financeiras (lembre-se dos três tipos de informações na hipótese do mercado eficiente) quando disponíveis são difíceis de serem analisadas;

3. os resultados obtidos em educação financeira são conhecidos no longo prazo.

## A maldição das relações sociais

Este termo foi apresentado por Barry Schwartz, professor de teoria social e ação social, em que podemos sofrer caso a aprovação social seja importante (antes de pensar que você está blindado, pense sobre sua necessidade de curtidas nas redes sociais).

Tirar uma nota 8 é algo favorável para um estudante? Como está seu relacionamento? É para preocupar-se se seu filho adolescente fica preso horas ao computador? De modo geral, para Barry Schwartz, embora tenhamos respostas a todas essas perguntas, também é importante levar em consideração a opinião dos outros. Elas podem ajudar para que ajustes finos sejam feitos na nossa avaliação.

Mas é isso mesmo professor? Não concordo com isso. Talvez, então, você seja exceção, mas de forma geral temos uma necessidade de aprovação social e, mais do que isso: destaque. Isso não são impressões pessoais, são evidências que estão descritas pela psicologia.

Dentre elas, a que mais gosto de comentar em sala de aula é dada por um experimento descrito por Robert Frank. Assim, na realização do experimento, os participantes responderam que queriam ter o terceiro maior salário de uma pequena firma de advocacia e ganhar 120 mil dólares por ano que estar no "meio do bolo" de uma firma grande e ganhar 150 mil dólares por ano.

Mas, por que essa maldição é tão importante? Ela me faz lembrar um comentário do especialista em Finanças, Felipe Arrais, em que é possivel que um influenciador digital divulgue suas notas de corretagem bem-sucedidas escondendo o que deu errado. O *status* de ter dado certo é o mais importante.

Então, as condições para aquelas situações de convívio social que buscam um destaque podem ser um empecilho para a realização dos esforços em tomar decisões no mercado de ações. Ou seja, ao contrário de buscarmos o maior ganho no mercado, buscamos o maior ganho entre nossos pares, ainda que para isso deva seguir as notas de corretagem de um influenciador digital. Novamente, para "bater o mercado" requer-se preparação.

Logo, quando o investidor comum não está envolvido no processo de tomada de decisão sobre as ações que devem ser compradas ou vendidas, ele está coibindo a ação do seu Sistema 1, como também está sendo blindado das declarações em redes sociais.

A busca por resultados imediatos é contraditória às características deste mercado de ações, cujos resultados são obtidos no longo prazo. Isto deve-se a nossa condição de sermos pouco preocupados com nosso futuro. Uma série de estudos trata de nossas decisões entre escolhas no tempo.

# O mercado de ações é de longo prazo e nossa paciência de curto

## Decisões diante das escolhas no tempo

As escolhas no tempo tornaram-se um tópico distinto em economia, no ano de 1834, através da publicação – *The Sociological Theory of Capital* – do economista escocês John Rae.

Semelhante a preocupação do filósofo e economista britânico, nascido na Escócia, Adam Smith, John Rae também procurou determinar porque a riqueza diferia entre as nações. Se Adam Smith argumentou que a riqueza nacional era determinada pela quantidade de mão de obra alocada na produção, John Rae reconheceu que a argumentação estava incompleta, pois, ela falhava em explicar os determinantes desta alocação.

Na visão do economista escocês, o elemento que faltava para explicar os determinantes era o efetivo desejo de acumulação, ou seja, um fator emocional que variava entre nações e determinava o nível de poupança.

Com isso, John Rae produziu a primeira discussão sobre os motivos psicológicos das nossas decisões. Ele acreditava que a nossa maneira de tomar decisões no tempo – escolha intertemporal – era proveniente de um conjunto de fatores que ou promoviam ou limitavam nosso desejo de acumulação.

Os dois principais fatores que promoveriam o desejo de acumulação eram o motivo de herança e a propensão de exercitar o autodomínio, sendo este último representado pelo grau dos nossos poderes intelectuais, e a consequente prevalência de hábitos de reflexão, e prudência.

Em contrapartida, os motivos limitantes para essa acumulação eram a incerteza da vida e a nossa empolgação para o consumo imediato.

Em 1889 o economista austríaco Eugen Von Böhm-Bawerk argumentou que sofremos de uma tendência sistemática a subestimar vontades futuras. A análise das preferências no tempo, como aquelas dos seus predecessores, era fortemente psicológica, e muito do seu volumoso tratado, *Capital and Interest*, foi dedicado às discussões dos componentes psicológicos das preferências.

No entanto, enquanto as antigas visões de John Rae explicavam as escolhas intertemporais em termos de motivos que são unicamente associados com o tempo, Eugen Von Böhm-Bawerk modelou a escolha intertemporal nos mesmos termos que outros custos econômicos, ou seja, como uma decisão técnica sobre a distribuição de recursos em diferentes intervalos de tempo, de maneira a perceber como iríamos alocar nossos recursos entre quaisquer interesses conflitantes, tais como habitação e alimentação.

Mais tarde, o economista americano Irving Fischer, explicava a decisão de consumo intertemporal considerando consumos atual e futuro, através da taxa marginal de substituição (medida através da qual é possível avaliar o grau de disposição entre escolha presente versus escolha futura).

Assim, para representar a nossa maneira de tomar decisão no tempo, a economia acabou criando um modelo. Essa ideia foi dada pelo economista americano Paul Samuelson. Apesar do autor ter manifestado reservas quanto aos aspectos normativos e descritivos da formulação proposta em 1937, seu modelo foi aceito instantaneamente, não apenas como uma norma válida para as políticas públicas, mas como uma representação precisa da nossa maneira de tomar decisões.

A hipótese central do modelo é que todos os motivos díspares subjacentes à escolha intertemporal podem ser condensados num único parâmetro: a taxa de desconto. Se considerarmos duas hipóteses sobre preferências no tempo, podemos definir a nossa preocupação com o futuro, conforme:

## Comportamento com desconto de 20%

Diante da condição de receber $110,00 daqui a um período ou R$91,66, hoje, quando decidimos aceitar $91,66 a taxa de desconto é de vinte por cento e isto determina o cuidado que temos com o nosso futuro.

## Comportamento com desconto de 10%

Diante da condição de receber $110,00 daqui a um período ou $100,00 hoje, quando decidimos aceitar R$100,00 a taxa de desconto é de dez por cento e, isto implica que nós cuidamos mais do nosso futuro, quando comparado com a primeira condição.

Por que desses experimentos, professor? São úteis para indicarem que investidores comuns que apresentam taxas de desconto elevadas são impacientes quando comparados com aqueles investidores comuns com taxas de desconto menores, ou seja, impacientes perdem seus objetivos de longo prazo.

Isto pode ser péssimo quando pensamos no mercado de ações. Não que não seja possível no curto prazo (e é importante que existam operações de curto prazo para garantir liquidez no mercado de ações) termos rentabilidades maiores, mas evidências (*Triumph of the Optimist: 101 Years of Global Investment Returns*, dos professores de finanças Elroy Dimson, Paul Marsh e Mike Staunton) indicam que as ações no longo prazo, mesmo descontando a inflação, proporcionaram maiores rentabilidades, quando comparadas com outras opções de aplicações financeiras no mercado.

## Nossa Preferência pelo curto prazo

Há uma clara preferência pelo curto prazo. Se você esquecer um pouco do mercado financeiro e começar a perceber que a grande tendência é a celeridade das soluções verá uma série de serviços que prometem respostas rápidas aos problemas diários. Isso passa por cursos de idiomas, lavagem de carro e refeições, "demonstrando que já temos tempo para quase tudo", o que soa como uma ironia.

Não há um certo exagero nesse discurso professor? Não há exagero algum, apenas preciso lembrar da existência do longo prazo e, mesmo que decisões sejam tomadas no curto prazo, o conjunto desses períodos compõe o longo prazo. Embora "o mercado de ações seja de longo prazo" é de conhecimento público que os investidores comuns sofrem com as oscilações de curto prazo.

A economia tem se preocupado com a forma como nos comportamos no curto e longo prazos, e a psicologia também foi importante para compreender este comportamento.

Uma demonstração empírica sobre nossa preferência pela realização de nossos compromissos foi conduzida, em 2002, pelo professor em psicologia cognitiva, Dan Ariely, e pelo professor de marketing, Klaus Wertenbroch, sem levar em consideração recursos financeiros.

No experimento realizado com estudantes de educação executiva os mesmos tinham que escrever três pequenos ensaios e foram designados a uma das duas condições. Na primeira condição, os prazos para os três ensaios seriam definidos pelo professor e uniformemente espaçados durante o semestre. Na segunda condição, cada estudante poderia estabelecer seus próprios prazos para cada um dos três ensaios. Em ambas as condições, a penalidade por atraso era de um por cento por dia de atraso, independente do prazo ser definido pelo professor ou pelo próprio estudante.

O experimento relata que muitos escolheram, de fato, impor prazos por conta própria, sugerindo que eles apreciavam o valor do compromisso. Assim, poucos estudantes escolheram os prazos uniformemente espaçados. No entanto, aqueles que não tiveram o pior desempenho no curso foram aqueles com prazos uniformemente espaçados, seja por definição do professor ou imposto por conta própria, em relação àqueles que escolheram como prazo de entrega o final do semestre.

Isto reforça a ideia de que temos menor cuidado com os compromissos futuros e maior cuidado com os compromissos presentes. Isto quer dizer que a impaciência pode impedir os planos de longo prazo. A literatura sobre nossa impaciência está repleta de outras situações que confirmam nossa preferência pelo imediato.

Uma dessas situações é observada na década de 80 pelos professores de psicologia Jay Solnick, Catherine Kannenberg, David Eckerman e Marcus Waller em outro experimento, com graduandos de matemática.

Para isso, os mesmos foram convidados para resolver problemas e, ao se distraírem, um barulho desagradável surgia em seus fones de ouvido. Os estudantes foram autorizados a acionar um dos dois botões existentes. Ao apertarem o primeiro botão, o barulho parava imediatamente por um breve intervalo de tempo, enquanto que, ao apertarem o segundo botão o ruído parava por um longo período de tempo, mas só após um atraso inicial.

Com esta configuração, a maioria dos estudantes escolheu apertar o primeiro botão, o que implicava que as suas taxas de desconto (a impaciência para o silêncio) eram elevadas o suficiente para compensar a diferença na duração do silêncio.

Já comentamos que o mercado de ações acontece em operações de curto e de longo. Agora, para "bater o mercado" é preciso paciência para obter os melhores resultados no longo prazo.

A preocupação em sala de aula também é com o imediatismo. Posso assegurar que o melhor momento das minhas aulas é quando elas acabam. Assim, ao contrário de uma discussão ampla e com conteúdo, de forma geral (até porque existem exceções) a preferência está em aulas cuja discussão seja restrita e rasa (aulas são curtas e rápidas).

Por que essas escolhas são realizadas? Os estudos sobre a teoria da evolução do cérebro humano (maneira como ele evoluiu, pois as preocupações humanas eram caçar, coletar alimentos e fugir dos perigos) indicam que o mesmo estava preparado para lidar com as preocupações diárias de sobrevivência.

Agora, passamos a ter outras preocupações que não são diárias, ao contrário, elas levam em conta o longo prazo e ainda não estamos preparados para lidar com o longo prazo.

Além do comportamento humano, estão disponíveis na literatura experimentos com animais, crianças e idosos. Se no primeiro experimento com patos o foco foi com a maximização da satisfação, nos experimentos com macacos, crianças e idosos a abordagem foi sobre como tomam suas decisões em condições de risco.

# Satisfação, avessos ao risco e aprendizagem

## As escolhas dos patos, as apostas dos macacos e a preferência das crianças e dos idosos

Esquecendo um pouco dos investidores comuns e visando compreender como os animais reagem a certos estímulos, um experimento sobre a influência da "racionalidade" dos patos, em relação a sua alimentação, foi realizado em 1982, pelo professor do departamento de zoologia da Universidade de Cambridge, David George Charles Harper.

O pato foi escolhido porque a linhagem dessa ave evoluiu com os dinossauros, cerca de 200 milhões de anos atrás e, assim, ele é um animal com uma herança evolutiva muito diferente da humana. Em adição a tudo isso, os patos são animais com cérebros extremamente pequenos, normalmente inferiores a 5 gramas de peso, em contraste com o cérebro humano que pesa cerca de 1.400 gramas.

Os patos da pesquisa vivem em pequenos grupos, entre 10 e 50 espécies, e conseguem alimentos através de forrageamento (atividade que os animais têm para buscar alimento na natureza) juntos na beira da água. Como todo animal que necessita de um peso corporal muito baixo, a fim de voar, os patos armazenam pouca energia internamente e, assim, sua capacidade de sobreviver e reproduzir está correlaciona com a sua capacidade para obter alimentação numa base diária.

Como o professor estava interessado em especificar as estratégias de forrageamento realizou uma série de decisões em grupo, fazendo experimentos familiares à maioria dos economistas. Assim, o experimento foi focado no comportamento de um grupo particular de trinta e três patos no lago principal do Jardim Botânico da Universidade de Cambridge.

No início de cada dia, dois assistentes, no lago, cada um com um saco de pão, todos com um determinado tamanho e peso, ficaram em dois locais distantes e começaram a lançar pedaços de pão ao mesmo tempo, mas em taxas diferentes. Cada pato deveria simplesmente decidir, em frente de qual assistente ficar.

Assim, o primeiro assistente poderia, por exemplo, jogar dois pedaços de pão uma vez a cada 5 segundos, enquanto o segundo assistente jogaria dois pedaços de pão a cada 10 segundos. A ideia da pesquisa era avaliar como foi, momento a momento, a decisão de cada pato, tanto quando estas condições se mantiverem constantes e quando eram alteradas, durante dez minutos.

Ao tratar a situação com trinta e três patos e descrever o comportamento dos patos para os pedaços de pão, então, o equilíbrio de Nash (situação na qual nenhum jogador, numa partida com dois ou mais jogadores, consegue ganhar mudando sua estratégia unilateralmente) surgia sob essas condições.

O equilíbrio de Nash foi identificado como também o professor conseguiu fazer previsões específicas sobre o que constitui o comportamento "racional" para estas aves.

Nas condições da pesquisa, a satisfação em frente ao primeiro assistente, para qualquer um pato, deve ser igual à probabilidade de obter um pão lançado pelo assistente multiplicado pela quantidade de pedaços. Se a probabilidade, para obter um pedaço de pão é função do número de outros patos diante do primeiro assistente, então a satisfação obtida na frente do primeiro assistente é proporcional ao pão por minuto lançado pelo assistente, dividido pelo número de patos em frente ao assistente.

Se o primeiro assistente jogava dois pedaços de pão a cada 5 segundos e o segundo assistente jogava dois pedaços de pão a cada 10 segundos, em seguida, o equilíbrio seria atingido quando dois terços dos patos estivessem na frente do primeiro assistente e um terço estivesse na frente do segundo assistente, após sessenta segundos. E isto foi o que aconteceu.

Além disso, quando o professor e seus assistentes alteraram a taxa de lançamento dos pedaços de pão, foi possível alcançar um equilíbrio dentro de aproximadamente sessenta segundos. Os patos, como um grupo, comportaram-se através de seus instintos, de uma forma descrita pelos economistas sob maximização da satisfação.

Os resultados obtidos foram importantes porque o "raciocínio" usado na busca pela satisfação pôde, em princípio, ser verificada por biólogos. No entanto, evidências indicam que os cérebros desses animais foram desenvolvidos para a sobrevivência.

Os cérebros humanos, conforme a teoria da evolução, também foram desenvolvidos para sobrevivência. Recentemente fomos obrigados a tomar uma série de decisões diárias e conforme já comentamos o Sistema 1 tem uma maior atuação, permitindo que sejamos guiados por percepção e intuição, mas contamos com o sistema 2 que acompanha a qualidade das operações mentais.

Mas, além da busca pela satisfação, os livros clássicos de finanças (Moderna Teoria de Carteiras e Análise de Investimentos é um deles) indicam que podemos ser avessos ao risco, neutro a ele ou gostarmos de correr risco, embora, de modo geral, não gostamos de situações arriscadas, conforme descrito na Teoria das Perspectivas.

Para testar o comportamento frente ao risco em animais, outro experimento foi realizado pelos professores do departamento de neurologia da Universidade de Duke, Allison McCoy e Michael Platt, em 2005.

Assim, macacos foram submetidos em problemas envolvendo apostas visuais. A pesquisa concluiu que os macacos eram propensos ao risco. As observações do experimento apontaram, portanto, na direção da existência de variáveis que influenciam a tomada de decisão e que não foram vistas pela ideia que busca-se a satisfação, entre elas os processos neurais e o fator aprendizagem.

Com o intuito de pesquisar a importância do fator de aprendizagem, Bruno César de Melo Moreira investigou como crianças fazem escolhas. Através da realização de um experimento com crianças de 4 a 6 anos, na cidade de Florianópolis, o pesquisador percebeu que as crianças não se comportavam de maneira avessa ao risco.

Nas duas tentativas do experimento, 80% e 69% das crianças tiveram preferências pela alternativa mais arriscada. Se somos avessos ao risco quando adultos, mas propensos a ele quando crianças, isto acabou indicando uma alternância da nossa preferência ao longo da vida.

Então, a aprendizagem poderia ser um dos fatores preponderantes a esta inversão. Ao introduzir efeitos positivos e negativos na aprendizagem, o pesquisador, com base em alguns testes estatísticos, observou a influência da aprendizagem no comportamento da aversão ao risco. Ou seja, têm-se evidências que somos, de maneira geral, avessos ao risco e parte disso surge com o aprendizado.

Em outra orientação, meu aluno Matheus Motta investigou o comportamento de idosos em situações que apresentavam riscos. Assim, num jogo onde estavam claras as probabilidades de sucesso e insucesso, fatores socioculturais (ambiente familiar e estado civil) foram decisivos para propensão ao risco. Assim, idosos que viviam com familiares ou eram casados foram propensos ao risco, diferentes daqueles que se descreveram como solteiros e vivendo sem familiares.

Associadas a essas investigações observacionais, outras pesquisas tentam localizar em nosso cérebro reações aos estímulos ou, de outra forma, quanto decisões que envolvem ganhos ou perdas financeiras são tomadas como nosso cérebro reage a tudo isso. A ideia é identificar as áreas que são afetadas e como isso pode explicar o comportamento dos investidores comuns.

# Conhecendo nosso cérebro quando decisões são tomadas

## Os estudos sobre tomadas de decisão

Se a economia e a psicologia colaboram para compreender como as decisões são tomadas, uma nova abordagem – neuroeconomia – também passou a contribuir com esses estudos. Com isso, para que fosse possível compreender como as decisões são tomadas, os pesquisadores começaram a verificar o cérebro em uma direção diferente e surpreendente.

Parecendo antever a importância dessas investigações o economista canadense Jacob Viner já havia afirmado, em 1925, que nosso comportamento não era definido pela orientação constante e detalhada de cálculos hedônicos, cuidadosos e exatos, mas, produto de ações instáveis e irracionais, de impulsos, instintos, hábitos e de costumes. Faltava compreender o que ocorria no cérebro humano quando as decisões que envolviam ganhos ou perdas eram tomadas.

Isto começou a ser possível graças a revolução que deu origem à neuroeconomia, no início do século XX, argumentando que todo o comportamento humano poderia ser concebido como o produto de dois mecanismos distintos: uma faculdade sofisticada que rege o comportamento complexo e uma mais simples que rege o comportamento não tão complexo.

Portanto, já estava claro que os modelos econômicos que buscavam explicar como tomamos decisões, não conseguiam descrever toda gama de situações. Assim, ao contrário de descrever como a satisfação é obtida, a neuroeconomia passou a estudar, com base em trabalhos da economia e psicologia o que acontecia no cérebro humano durante a tomada de decisões.

O uso da imagem cerebral pode parecer um "salto quântico" nas pesquisas sobre tomada de decisões, mas antes de chegarmos a ela cabe lembrar que alguns trabalhos foram importantes para isto, dentre eles a obra *The Integrative Action of the Nervous System*, do fisiologista inglês Charles Sherrington, em 1906. Também a obra *Descartes Error: Emotion Reason and the Human Brain* do neurologista português António Damásio, em 1995, além de *The Emotional Brain – The Mysterious Underpinnings of Emotional Life* do professor de neurociência Joseph LeDoux em 1996.

No início desses estudos e de outros também importantes a faculdade simples de como tomamos decisões veio a ser identificada com a noção de reflexo e foi amplamente considerada como sendo importante para a análise neurofisiológica e como formadora do núcleo da compreensão das funções do cérebro.

O trabalho em curso pela neuroeconomia sugere que este ponto de vista da arquitetura neural não é mais sustentável. A evidência biológica dada indica uma visão essencialmente unitária da arquitetura neural que é muito mais enraizada na teoria da evolução do cérebro do que numa concepção dualista na maneira como decidimos sobre satisfação.

O avanço das modernas técnicas científicas, seguras e com registros digitais permitiu visualizar o impacto das decisões no cérebro humano. Portanto, foi possível compreender o que acontecia no cérebro quando tomávamos decisões que envolviam ganhos ou perdas.

## Instrumentos usados pela neuroeconomia

A ressonância magnética funcional (fMRI) é a técnica mais utilizada nos experimentos realizados. Ela traça as mudanças no fluxo sanguíneo cerebral usando as propriedades magnéticas da hemoglobina transportada pelos glóbulos vermelhos do sangue em forma de oxihemoglobina, que geram ondas magnéticas de rádio frequência e que podem ser monitoradas na presença de um campo magnético.

Assim, o consumo de oxigênio dos neurônios nos processos de decisão dá uma imagem da atividade dos diferentes centros neurais e das regiões cerebrais, definindo as áreas de atuação quando da realização de uma atividade que busca aproximar-se de situações em que ganhos e perdas são propostos.

## Arquitetura neural

De maneira simplificada existem áreas do cérebro humano que estão envolvidas com emoções. Elas são geradas no sistema límbico e este está localizado na superfície medial do cérebro sendo composto por várias estruturas com atividades específicas, conforme:

- o núcleo accumbens está envolvido com os processos de gratificação, a exemplo de comida, ganhos financeiros e antecipação de recompensa e é importante na conversão da motivação em ação;
- a amígdala está envolvida com o aprendizado para se aproximar ou afastar das coisas;
- a ínsula está relacionada com o desagrado e o tratamento injusto;
- o septo está relacionado com a sensação de prazer, sobretudo ao prazer sexual;
- o hipocampo está relacionado com a memória e com o conhecimento;
- o giro cingulado está relacionado com o livre-arbítrio;
- o hipotálamo, com as funções viscerais e hormonais;
- o tálamo faz o processamento de estímulos externos.

Embora essas e outras regiões do cérebro sejam importantes, o córtex pré-frontal ganha destaque pelas suas atividades de planejamento. Localizado acima do nariz e dos olhos e atrás da testa pode ser subdividido em: orbitofrontal (a parte mais central do córtex orbitofrontal recebe o nome de córtex ventromedial), dorsolateral e medial-frontal.

O córtex pré-frontal está ligado ao sentido de responsabilidade uma vez que recebe impulsos de todas as regiões e as integram para estabelecer metas de curto e de longo prazo bem como para planejar ações relacionadas com estes objetivos. Também coordena emoções, controla o que fazemos, avalia os resultados das nossas ações e está envolvido no cálculo racional.

Mas, há necessidade de conhecermos essas áreas professor? Após essa breve apresentação em sala de aula a resposta dada é: claro que há. Embora sejam tão somente comentários, essas áreas são úteis uma vez que os experimentos realizados em neuroeconomia investigam o cérebro e as mesmas serão citadas nos experimentos. Seria uma maneira de prepará-los para o entendimento dos resultados obtidos pela neuroeconomia.

## Emoções e as decisões sob condições de risco

O modelo de escolhas com base em probabilidades permite que a gente possa tomar decisões de risco, ao considerar diferentes cenários. No entanto, reagimos a riscos em dois níveis diferentes. No primeiro nível tentamos avaliar o risco de nossos objetivos, embora isto não esteja disponível para todos. Por outro lado, e no segundo nível, reagimos ao risco emocionalmente (diversos trabalhos de Daniel Kahneman indicam que somos inclinados a explicações causais e não lidamos com estatísticas), e essas reações podem influenciar nossas decisões.

Embora estudos atuais investiguem as áreas do cérebro responsáveis pelo nosso comportamento, foi em 1848 que tivemos as primeiras evidências científicas (caso Phineas Gage) que uma lesão nos lóbulos frontais podia alterar a personalidade, emoções e interação social.

Na época, quando um grupo de operários estava dinamitando um rochedo para construir um caminho de ferro, Phineas Gage foi encarregado de pressionar a pólvora para dinamitar a rocha. A explosão ocorrida projetou uma barra de ferro contra seu crânio. A barra entrou pela bochecha esquerda e saiu pelo topo do crânio. Depois disso, seu comportamento com amigos e familiares não foi o mesmo.

Atualmente, a literatura explica que o comportamento humano, em relação às decisões de risco e incerteza (não temos registros das varáveis estocásticas), também envolve uma relação entre os processos cognitivos e afetivos e estes colaboram entre si. Em 1994, num experimento, o professor de psicologia Antoine Bechara, a neurocientista portuguesa Hanna Damásio, o professor de neurologia e psicologia Daniel Tranel e António Damásio conseguiram ilustrar a colaboração entre esses dois processos.

Para isso, pacientes que sofreram danos pré-frontais e pacientes normais foram submetidos à escolha de uma sequência de cartas de quatro baralhos. Dois baralhos continham mais cartas com ganhos e perdas extremas e os outros dois tinham mais cartas com ganhos e perdas moderadas.

Os grupos exibiram comportamentos similares em relação à transpiração (uma indicação de medo) depois que as cartas de perdas extremas eram encontradas. Mas, comparados com o comportamento dos pacientes normais, os pacientes com danos pré-frontais rapidamente retornaram aos baralhos de cartas com ganhos e perdas extremas, após sofrer uma perda e, como resultado perderam mais frequentemente.

Embora a reação emocional imediata dos pacientes que sofreram danos pré-frontais, em relação às perdas, tenha sido a mesma que a dos pacientes normais, os pacientes com danos não guardaram a dor provocada pelas perdas, relembradas pelos pacientes normais. Então, a conduta corporal deles aumentou bem menos que a dos pacientes normais quando eles recorreram aos baralhos com cartas com ganhos e perdas extremas.

Assim, António Damásio identificou um equivalente fisiológico apto a discriminar os diferentes comportamentos ajudando a esclarecer tanto a natureza das decisões quanto as suas implicações psicobiológicas. Este equivalente ficou conhecido como marcador somático.

Uma vez que somos avessos às perdas, quando são vivenciadas perdas no mercado de ações essa implicação psicobiológica pode ajudar a reforçar o motivo pelo qual resistimos a comprar ações na baixa e, talvez, em algumas situações comprar na baixa não seja uma decisão equivocada.

Em outra pesquisa realizada em 2005, pelo professor de marketing, Baba Shiv, George Loewenstein e Antoine Bechara, pacientes com danos pré-frontais, conseguiram ganhar mais dinheiro em uma atividade na qual as emoções levaram os pacientes normais a serem extremamente contrários aos riscos.

Para o experimento, os pacientes foram submetidos a escolhas do tipo "aceita ou não aceita" com 50% de chance de perder $1,00 ou ganhar $1,50. Os pacientes normais e os pacientes com danos pré-frontais jogaram na primeira rodada, mas, os pacientes normais rapidamente pararam de jogar quando perdiam, enquanto que, os pacientes com danos não eram perceptivos às perdas.

Nessa última situação, apresentar danos pré-frontais acabou minando a capacidade de tomar decisões, mas, nessa tarefa de escolha, ter danos resultou em ganhos superiores. Ou seja, se na primeira pesquisa as mesmas reações daqueles que não tinham danos pré-frontais permitiu que não perdessem frequentemente também permitiu no segundo experimento que não ganhassem. Ou seja, as avaliações foram mais perceptiva e intuitiva e elas necessariamente não conduzem ao melhor resultado quando buscamos "bater o mercado".

## Análise do cérebro sob condições de risco

Diferentes dos experimentos anteriores que foram baseados apenas em observações, a neuroeconomia está repleta de atividades realizadas com a utilização de ressonância magnética funcional para avaliar a tomada de decisão com risco. Para a economia, a escolha é vista como um *tradeoff* de satisfação entre diferentes cenários de probabilidades.

Em uma das pesquisas realizada em 2007, pelos professores de teoria comportamental, Sabrina Tom, Craig Fox, Christopher Trepel e Russell Poldrack, o objetivo foi isolar a atividade associada à avaliação de uma aposta ao escolher se os participantes aceitavam ou não, sem a expectativa de que a aposta fosse imediatamente resolvida.

Isto acabou permitindo testar se as respostas neurais durante a avaliação dos resultados potenciais foram semelhantes aos padrões previamente relatados em estudos de observação do comportamento humano.

Uma questão fundamental para a pesquisa sobre a tomada de decisão era verificar se a aversão à perda reflete o envolvimento dos diferentes processos emocionais quando as perdas potenciais são consideradas. Para isso, foi sugerido na pesquisa que a maior sensibilidade a perdas é impulsionada por emoções negativas, como medo ou ansiedade.

Tal conceito prevê que a exposição ao aumento das perdas potenciais deve ser associada com uma maior atividade nas estruturas cerebrais visando mediar as emoções negativas na tomada de decisões, a exemplo da amígdala.

Para os autores da pesquisa, alternativamente, a aversão a perda poderia refletir uma resposta assimétrica entre perdas versus ganhos em um único sistema que codifica o valor subjetivo da aposta, como o córtex ventromedial, córtex orbitofrontal e o estriado ventral, este último responsável pelo mecanismo cerebral encarregado de processar as recompensas.

Para isso, foram coletadas, através da ressonância magnética funcional, reações dos voluntários enquanto decidiam se iriam aceitar ou rejeitar apostas que ofereciam uma possibilidade de 50% de ganho e 50% de perda de uma quantia de dinheiro.

Para incentivar os participantes a refletirem sobre a atratividade subjetiva de cada jogada, em vez de confiarem em uma decisão que fixasse uma regra, foi solicitado que indicassem uma das quatro respostas a cada jogada (aceitar fortemente, aceitar fracamente, rejeitar fracamente, e rejeitar veementemente).

A fim de permitir estimativas separadas para as respostas neurais aos ganhos e as perdas, o tamanho dos potenciais ganhos ou das perdas foi manipulado de forma independente, com ganhos que variaram de U$10 a U$40 (em incrementos de U$2) enquanto que as perdas variaram de U$5 a U$20 (em incrementos de U$1).

Os intervalos foram escolhidos uma vez que, conforme já exposto neste livro, estudos anteriores indicam que somos, em média, aproximadamente duas vezes mais sensíveis às perdas do que aos ganhos. Assim, para a maioria dos participantes, este leque de apostas provocaria uma vasta gama de atitudes, de forte aceitação a indiferença.

Para introduzir incentivos aos participantes, a pesquisa dotou os mesmos com U$30 uma semana antes da digitalização e instruiu que uma decisão de cada uma das três digitalizações seria honrada com dinheiro.

A sensibilidade do comportamento aos ganhos e as perdas foi avaliada usando o tamanho do ganho e da perda como variáveis independentes. Baseado nisso, foram computadas as medidas do comportamento dos participantes em relação a sua aversão às perdas e suas respostas aos ganhos proporcionados.

Os resultados foram consistentes com as observações que os participantes são, em média, indiferentes a situações arriscadas em que o ganho potencial era duas vezes a quantia da perda potencial. A pesquisa também verificou que foram mais lentos ao decidir se aceitavam ou não as propostas.

No entanto, como o objetivo da pesquisa era verificar a possibilidade de que os sistemas cerebrais envolvidos no processo de decisão podiam diferir, foram analisados os dados de imagem para identificar as regiões do cérebro cuja ativação estava correlacionada com o tamanho do potencial ganho ou perda.

A análise isolou um conjunto de regiões sensíveis à dimensão dos ganhos potenciais na avaliação das apostas. Desta forma, não houve regiões do cérebro que apresentassem diminuição da ativação quando os ganhos aumentaram.

A aversão à perda é impulsionada por uma resposta afetiva negativa, como por exemplo, o medo, a vigilância e o desconforto. Então, seria de esperar uma atividade crescente nas regiões do cérebro que estão associadas com essas emoções, conforme o aumento dado às potenciais perdas.

Contrariando este argumento, nenhuma região do cérebro mostrou aumento significativo da ativação durante a avaliação das apostas quando a perda potencial aumentava. Em vez disto, um grupo de regiões que estão associadas com os ganhos mostrou diminuição das suas atividades, a exemplo do estriado, córtex ventromedial, córtex cingulado anterior e o córtex orbitofrontal.

A análise entre ganhos crescentes e diminuições das perdas demonstrou sensibilidade conjunta para os ganhos e as perdas num conjunto de regiões, incluindo o estriado dorsal e ventral e o córtex ventromedial. Para garantir que a perda potencial relacionada com as respostas não estava sendo obscurecida pelo valor positivo das apostas, a pesquisa comparou a atividade pela pior possível aposta (ganha: US$ 10 a US$16; perda: US$17 a US$20) bem como pela melhor possível jogada (ganho: US$34 a US$40; perda: US$5 a US$8).

Ao verificar o estriado e córtex ventromedial a partir dos ganhos e das perdas os resultados obtidos forneceram evidências a favor dos fundamentos da teoria da perspectiva em que a função que mapeia o valor subjetivo é marcadamente mais íngreme para perdas do que para os ganhos.

Mas, professor por que saber quais áreas do cérebro são ativadas? Apenas para compreender que quando decisões com risco são tomadas, as áreas "mais sofisticadas" do cérebro foram ativadas. Neste sentido sofisticação estaria associado ao aspecto que envolve raciocínio. Acontece que, conforme visto, nem sempre nas atividades diárias o Sistema 2 é preponderante ao Sistema 1. Isso é péssimo para o investidor comum.

## Análise do cérebro sob condições de incerteza

A neuroeconomia também tem procurado investigar as atividades do cérebro humano diante de situações de risco e incerteza. Para isso, o professor de psicologia e neurociência, Scott Huetel, utilizando ressonância magnética funcional em 12 voluntários (6 homens e 6 mulheres) estabeleceu duas situações distintas. Na primeira delas a magnitude da recompensa foi constante, enquanto que, na segunda não foi constante.

Para o autor da pesquisa, nos experimentos em que foram conhecidas as probabilidades de ocorrência do evento (situações arriscadas) foi dada a ativação de um conjunto de regiões, conforme outras pesquisas anteriores.

Contudo, em situações em que as probabilidades de ocorrência do evento não eram conhecidas (situações de incerteza) as áreas do córtex pré-frontal, parietal e da região insular foram ativadas num prazo não observado nos experimentos que consideravam situações com risco.

A contribuição da pesquisa é a de que diferentes regiões são ativadas para resolução de situações com risco e incertas. Mas, por que conhecer essas relações é importante? Esses experimentos servem para identificar que reagimos de maneiras diferentes quando tomamos decisões, sejam elas incertas ou arriscadas e que as decisões demandam uso da área mais sofisticada do cérebro humano.

Nos experimentos, diferente do que foi proposto, as áreas relacionadas às emoções não foram ativadas, no entanto, ocorreram alterações nas regiões responsáveis pelas atividades de execução. Não foram avaliadas questões do tipo verdadeiro ou falso, mas ao contrário, situações em que os participantes demonstravam suas reações diante de escolhas arriscadas ou incertas.

Lidar com o mercado de ações é lidar também com incerteza e isso exige o funcionamento das regiões do cérebro que são responsáveis pelas atividades de raciocínio. Acontece que nem sempre essas regiões estão disponíveis. Observe que o experimento favoreceu e criou condições, mas no dia a dia, o Sistema 2 é frouxo cedendo espaço para o Sistema 1.

## Análise do cérebro em situações de aversão a perdas

Estudo conduzido pelos professores Peter Sokol-Hessnera, Ming Hsub, Nina Curleya, Mauricio Delgado, Colin Camererd e Elizabeth Phelpsa com 30 participantes revelou através de exames de imagem que ao lidarmos com recursos financeiros de terceiros apresentamos uma menor exposição ao risco.

Assim, ao analisar imagens do cérebro, em situações que simulam decisões de aplicação financeira, a contratação de mais risco é obtida pela ativação do córtex ventromedial. Caso os recursos financeiros sejam próprios na pesquisa ficou constatado que a ativação foi dada na ínsula.

Ainda no estudo, os autores discutem que a aversão a perdas pode ser devida a uma manifestação hedônica como são as preferências por comida, sexo, calor e sono ou a um erro de julgamento provocado por nossa incapacidade de adaptação emocional a eventos negativos. Dos resultados obtidos, os autores apoiam a primeira ideia que trata de uma manifestação hedônica.

A pesquisa é finalizada indicando que é possível que investidores e investidores comuns sejam fundamentalmente diferentes desde o início, mas também é possível que os investidores tenham aprendido não apenas fatos sobre escolhas, mas estratégias para lidar com o estado emocional e respostas que podem impedir os investidores comuns de fazer o mesmo, dadas as mesmas informações.

Para a pesquisa, isso quer dizer que o investidor comum se arrisca menos. Como a maior rentabilidade, necessária para "bater o mercado" está associada a exposição ao risco, o investidor comum deve ter dificuldades para "bater mercado".

## Análise do cérebro em decisões que envolvem escolhas no tempo

Para a economia, a escolha intertemporal é vista como um *tradeoff* de satisfação entre diferentes intervalos de tempo. Visando compreender como essas decisões são realizadas no cérebro, os professores Samuel McClure, David Laibson, George Loewenstein e Jonathan Cohen, utilizando ferramentas de imagens cerebrais, submeteram os participantes a uma série de escolhas binárias entre pequenas e grandes quantias de dinheiro mais tarde, enquanto os seus cérebros eram digitalizados. Os valores específicos sofreram variações de U$5 a U$40 e os períodos variações a partir do dia do experimento a 6 semanas mais tarde.

Desta maneira, perceberam que as preferências de curto prazo e de longo prazo são definidas por áreas diferentes do nosso cérebro. Assim, enquanto as preferências pelo curto prazo eram ativadas pelo sistema límbico, que responde por ganhos imediatos e é menos sensível ao valor de ganhos futuros, as preferências pelo longo prazo eram ativadas pelo córtex pré-frontal.

Com base no experimento, os professores explicaram que os resultados ajudam a compreender a razão pela qual, muitos outros fatores, que não a proximidade temporal, tais como a visão, cheiro ou o toque num objeto desejado estão associados a comportamentos impulsivos.

Se o comportamento impaciente é motivado pelo sistema límbico segue-se que qualquer fator que produza esta ativação pode ter efeitos semelhantes para decisões que valorizem o imediato. Por este motivo, uma série de informações nas redes sociais tem valorizado esses outros fatores, de forma a favorecer a comercialização de produtos e serviços.

Atualmente é possivel acompanhar não tão somente as oscilações do mercado de ações na tela de um *smartphone,* mas as situações de sucesso dos influenciadores digitais, embora no longo prazo a literatura indique que a rentabilidade do mercado de ações supera a rentabilidade proporcionada por outras aplicações financeiras, haverá uma preferência pelas operações de curto prazo e isso nem sempre traz bons resultados para o investidor comum.

# Protegendo-se de você mesmo

## Estar preparado para "bater o mercado"

Antes do primeiro capítulo do livro tive o cuidado de esclarecer que estar preparado para "bater o mercado" (jargão utilizado pelos investidores) requer conhecimento do mercado de ações, domínio de estatística, autocontrole e visão de longo prazo. O conjunto destas características, adquirido no exercício da prática profissional, irá impedir que o investidor comum evite uma série de decisões, listadas a seguir:

## O uso da tecnologia reforça o imediatismo

Podemos fazer nosso supermercado, escolher alguns medicamentos, programar nosso almoço, acompanhar a vida das pessoas, conversar (ainda que sejam impressões pessoais) sobre todos os assuntos, acompanhar aos jogos do campeonato de nosso time e assistir aquela série pelo celular.

Pode parecer saudosismo, mas acompanhei a evolução do aparelho celular (atualmente *smartphone*) e digo aos meus alunos que a gente conversava com as pessoas. Hoje, uma série de aplicativos tem permitido que as nossas atividades fiquem mais práticas.

Mas, professor, talvez o cansaço tenha te desviado das questões que são importantes para esse livro. Não acredito que estou desviando do que é importante. Apenas quero referenciar que o prático é só prático e nem sempre a praticidade irá proporcionar que o investidor comum consiga "bater o mercado".

Uma série de experimentos já está avaliando o impacto que o uso do *smartphone* tem na vida do investidor comum comprovando que nem sempre o prático é o melhor.

Para o professor Aquiles Mosca, fatores como:

1. sistema de negociação on-line;
2. fácil disponibilidade de julgamentos (influenciadores do mercado financeiro);
3. acesso a ferramentas de análise

favoreceram a busca pelo imediato e rentabilidades menores do que as do índice do mercado de ações.

Mesma evidência é dada pelos professores James Choi, David Liebson e Andrew Metrick, em 2002, ao pesquisarem mais de 100 mil investidores comuns revelando que o uso da internet aumentou a frequência das transações realizadas. No entanto, o excesso de compra e venda de ações comprometeu a rentabilidade das carteiras de ações dos mesmos.

## O excesso de confiança permite a elevada troca de ações

Estudo realizado por Brad Barber e Terrance Odean com mais de 66 mil investidores comuns em diversas corretoras nos Estados Unidos, entre os anos de 1991 e 1997, verificou uma taxa média de "giro" (troca de empresas) nas carteiras de ações de 75%.

A cada ano o volume de compra de vendas foi equivalente a ¾ do valor das carteiras de ações. Isso acabou impondo aos investidores custos nessas operações. Assim, embora o objetivo fosse agregar rentabilidade, a mesma foi menor do que o índice de mercado de ações.

Ainda sobre a pesquisa, Brad Barber e Terrance Odean identificaram que a cada seis anos das rentabilidades extraordinárias disponíveis no mercado (lembre-se que rentabilidades das ações são consideradas como variáveis estocásticas, isto é, cada observação pode ser vista como aleatória) os investidores comuns motivados pelo excesso de confiança conseguiram uma rentabilidade, em média, 1,1% abaixo do índice de mercado.

Para os investidores comuns mais confiantes, a taxa média de "giro" nas carteiras de ações foi de 120% com uma rentabilidade, em média, 4,9% abaixo do índice do mercado de ações.

Neste exato momento, embora sejam pesquisas e que suas evidências sejam importantes para uma discussão sobre tomada de decisão no mercado de ações nada incomum para meus alunos o seguinte questionamento: mas, professor, isso aí é Estados Unidos.

Eu diria a eles que têm toda razão, mas de modo geral a expectativa é que as reações sejam próximas quando falamos da falta de preparação do investidor comum. Mas, o problema agora não será mais esse.

No livro Finanças Comportamentais, do professor Aquiles Mosca, há uma referência ao nosso mercado de ações. Tal pesquisa foi realizada entre 1999 a 2008. Nesse intervalo de tempo o autor da pesquisa explicou que o índice do mercado de ações foi de 27,87%.

Acontece que ao excluir do período da pesquisa 10 operações ou os chamados pregões, com maior rentabilidade, o índice do mercado de ações passou a ser de 15,96%. Então, aqueles investidores comuns que "giraram" suas carteiras perderam a oportunidade de ter rendimentos iguais ao do mercado de ações.

Pior do que isso, no período analisado outras aplicações financeiras apresentaram uma rentabilidade média de 18,32%. Ou seja, ao contrário de "bater o mercado" o investidor comum teve rentabilidade inferior a rentabilidade proporcionada por outras aplicações financeiras.

## A disponibilidade de informações permite a pouca diversificação

Em 2001, o professor de finanças John Nofsinger avaliou as operações de compra e venda de ações no período de dois anos (1990 a 1991) dando atenção especial a reação dos investidores comuns sobre informações disponíveis no mercado.

Assim, para o pesquisador, as notícias que afetavam positivamente a rentabilidade das ações de uma determinada sociedade anônima eram seguidas por vendas e informações que afetavam negativamente a rentabilidade das ações eram seguidas por ações de neutralidade.

Para John Nofsinger, a venda das ações permitia, naquele momento, imputar a esses investidores a razão de seu sucesso. No entanto, ao evitar a diversificação esses investidores comuns estavam expostos a um risco maior desnecessariamente.

Deve-se acrescentar a isso a influência social que o investidor comum passou a ter pelo acesso as redes sociais. As declarações dos influenciadores sociais além das opiniões de amigos ou de conversas em grupos de WhatsApp não são recomendações de compra ou venda de ações, embora o investidor comum possa entender como recomendação. Uma vez que o mercado é dinâmico e a todo momento são geradas recomendações a diversificação pode ser comprometida.

## Acreditar no cavalo azarão

Daniel Kahneman em seu livro "Rápido e Devagar" explica que sorte pode contribuir para o sucesso quando aplicada, por exemplo, as observações feitas em dois dias num torneio de golfe de alto nível. Para isso, o autor faz suposições que nos dias de torneio a média dos competidores foi de 72 além de que no grupo existem dois jogadores: o primeiro com pontuação de 66 e outro com menor pontuação.

Ao acreditar que talento e sorte contribuem para o sucesso a conclusão de que o jogador com maior número de pontos foi sortudo é tão justificada com a conclusão de que ele é talentoso.

Agora, caso você tenha que presumir sobre o próximo dia é provável que suas suposições indiquem que o primeiro jogador tem maior probabilidade de sair-se bem no próximo dia como o segundo jogador provavelmente ficará, no seu prognóstico, abaixo da média.

Os dois desempenhos são moderados, ou seja, tendem a uma média. Por isso, Daniel Kahneman faz uso da terminologia regressão à média. Assim, quanto mais extrema a pontuação inicial mais regressão é esperada, pois uma pontuação extrema sugere muita sorte. Embora a previsão regressiva seja razoável, sua precisão não tem garantia alguma.

O que deve ser esclarecido é que a mudança da primeira para a segunda pontuação não necessita de uma explicação causal pois ela é para Daniel Kahneman uma consequência matemática inevitável para o fato de que a sorte desempenhou um papel no resultado da primeira pontuação.

Assim, por acreditar na sorte, o investidor comum, às vezes, pode fazer todas suas apostas em empresas que ele acredita que podem gerar lucros extraordinários elevando consideravelmente seus preços.

Isso acontece, uma vez que, o investidor comum superestima os efeitos de sua habilidade ou é influenciado pelas informações nas redes sociais e acaba fazendo "apostas" em cavalos azarões que prometem gerar resultados extraordinários.

## Contratando um gestor de investimentos em ações

Então, será que o investidor comum, aquele profissional liberal que acorda cedo, coloca o café dos filhos, preocupa-se com os afazeres escolares e com o almoço além de organizar suas atividades de trabalho consegue evitar o imediatismo reforçado pelo uso da tecnologia, conter a elevada troca de ações por conta do seu excesso de confiança, promover uma diversificação adequada sem interferências e ainda assim evitar apostas em cavalos azarões com vistas a "bater o mercado"?

Por ter assistido algumas palestras do professor Clóvis de Barros Filho vem a minha memória que sapo é sapo, gato não come alpiste (seus instintos são suficientes para sua sobrevivência), goiabeira só dá goiaba e eu complemento as suas ideias: e gestor de fundo de investimento em ações com gestão ativa está preparado para "bater o mercado".

Estudos e pesquisas indicam mais sobre a capacidade do gestor de investimento nesse mercado de ações. Em 2003, Alford, Jones e Winkelmann concluíram no *Journal of Portfolio Management*, considerando uma amostra superior a mais de mil fundos de investimento em ações que 25% deles apresentaram mais de 65% de acertos sobre as situações (em alta, em baixa e sem tendência) do mercado de ações.

De outra forma, conseguiram "bater o mercado", ou seja, apresentaram rentabilidades maiores.

Isto quer dizer que dos fundos de investimentos em ações disponíveis no mercado, ¼ deles conseguiram "bater o mercado". A pesquisa continua reforçando que "bater o mercado" não é nada fácil pela dificuldade em saber fazer escolhas.

Em outro estudo, citado por Brandford Jordan, Thomas Miller e Steven Dolvin, no período de 1999 a 2009, mais de 20% dos fundos de investimentos em ações conseguiram bater o mercado de ações (índice Vanguard 500).

## Aproveite seu tempo

A vantagem absoluta é atribuída a habilidade para produzir algo ou prestar um serviço empregando menor tempo e a vantagem comparativa é atribuída a habilidade para produzir algo ou prestar um serviço com menor custo de oportunidade.

Depois de apresentados os conceitos vou supor que um profissional liberal (possível "investidor comum") também seja talentoso para cortar a grama de sua casa em 2 horas. No condomínio onde reside o corte de grama é de $50 por hora e os jardineiros levam 4 horas para execução deste serviço.

No intervalo de tempo de 4 horas, este profissional liberal consegue prestar seus serviços por $1.200. Assim, embora o profissional liberal desfrute de vantagem absoluta para cortar a grama, porque faz num menor tempo, não é recomendável pois seu custo de oportunidade é de $1.200.

Se o jardineiro, mesmo demandando um tempo maior para cortar a grama apresenta uma vantagem comparativa, desta forma, cabe ao profissional liberal contratar o jardineiro.

Logo, existem situações em que não valerá a pena ocupar seu tempo na compra e venda de ações uma vez que o custo de oportunidade do investidor comum deve ser maior, quando comparado com o custo da contratação de um gestor de fundo de investimento em ações com gestão ativa. Isso porque ser cotista indica assumir custos com administração e uma taxa de performance.

Hoje essas informações estão disponíveis, logo, deve-se avaliar as taxas propostas por cada um desses fundos de investimentos em ações cuja gestão é ativa. O mais importante, então, é acompanhar esses fundos de investimento em ações verificando aqueles que "batem o mercado" consistentemente por décadas, pois desta forma será possível diluir também os efeitos da sorte.

## A rentabilidade por unidade de risco incorrido

Professor, então qualquer fundo de investimento em ações com gestão ativa é o ideal para "bater o mercado"? Claro que não. Se "bater o mercado" não é tarefa fácil, tambem não é fácil escolher este fundo de investimento em ações cuja gestão é ativa. Mas, por que isso, professor? indagariam meus alunos.

Primeiro, porque nem todos os fundos de investimento em ações com gestão ativa "batem o mercado" consistentemente, e segundo, porque devemos observar o quanto de risco estamos incorrendo para obtermos uma determinada rentabilidade.

Então, quando da escolha de um fundo de investimento em ações, a maior rentabilidade sem levar em consideração o risco que estamos incorrendo pode não ser o critério adequado de escolha racional.

O raciocínio sobre avaliar rentabilidade e risco incorrido advém das ideias do matemático Andrew Roy, em que preferimos aplicações financeiras com a menor probabilidade de irmos abaixo de um nível de desastre. Isto foi possível graças ao índice de variabilidade.

Definido como o quociente entre o retorno acima do nível de desastre e a medida de risco, através do índice de variabilidade é possível escolher a carteira de ações com a menor probabilidade de alcançar o nível abaixo do nível de desastre.

Fazendo algumas alterações no trabalho de Andrew Roy, iremos supor que a carteira de ações A tenha uma rentabilidade média anual de 15% e a carteira de ações B a mesma rentabilidade média anual, mas, risco diferente. Cabe dizer que as carteiras são formadas por diferentes ações.

Assim, iremos considerar que a medida de risco para a carteira de ações A é de 10% enquanto que para a carteira de ações B é de 15%, no período de análise.

Aplicando a lógica do índice de variabilidade para a carteira de ações A (15% / 10%) temos que o mesmo corresponde a 1,50 e para a carteira de ações B (15% / 15%) o índice é de 1,00. Assim, a carteira de ações A deve ser a preferida, uma vez que a rentabilidade por unidade de risco foi maior, embora a carteira de ações B tenha apresentado a mesma rentabilidade.

Em trabalho de pesquisa sob minha orientação, a aluna Cinara Braga, ao investigar a rentabilidade por unidade de risco incorrido em 11 fundos de investimentos em ações, com gestão ativa, numa determinada instituição financeira, avaliou que 5 deles apresentaram uma maior rentabilidade por unidade de risco, num período de análise de 43 meses.

A pesquisa demonstrou que os fundos de investimentos em ações com gestão ativa, analisados, conseguiram "bater o mercado" no período de análise. Agora, ao aplicar a rentabilidade por unidade de risco incorrido, dos 11 fundos da amostra, 5 deles apresentaram as maiores rentabilidades por unidades de risco o que quer dizer que os demais fundos assumiram uma exposição ao risco desnecessária.

Agora, caso o investidor comum desconheça a rentabilidade por unidade de risco, ele pode ser levado a escolher fundo de investimento em ações com gestão ativa pelo critério de maior rentabilidade, por diversos motivos: familiaridade com o banco, indicação de amigos, reportagem na mídia ou redes sociais (espaço onde temos mais certezas). Logo, somente maior rentabilidade não é critério para escolha de fundos de investimento em ações.

## Os últimos comentários do professor

O primeiro deles vem de uma entrevista do professor Eduardo Giannetti ao jornalista Augusto Neves, quando o mesmo trata da importância do elemento capacitação para o desenvolvimento econômico dos países.

Num dos momentos da entrevista, o questionamento do professor com resposta é direto: você dizer a um analfabeto que ele é livre para ler Machado de Assis ou jogar vídeo game é dizer que não há liberdade alguma. A decisão já está tomada por falta de capacitação (neste livro trato como preparação).

A verdade é que o investidor comum não está preparado para lidar com este mercado de ações e, nesse momento, assim como não estou preparado para lidar com minha dieta, eu procuro ajuda de um nutricionista, posso "bater o mercado" sob a gestão ativa comprando cotas de um fundo de investimentos em ações.

A preocupação é que você, investidor comum, acredite que é livre para gerir sua carteira de ações (portanto está preparado) e semelhante a uma série de experimentos já comentados neste livro não consiga "bater o mercado" no longo prazo.

Como última tentativa de convencer de que é dificil "bater o mercado" lidando com observações que podem ser vistas como aleatórias no tempo, peço que guardem uma metáfora platônica: há em nós um cocheiro guiando dois cavalos, um é a razão e o outro a paixão. E o cavalo apaixonado é teimoso, ou seja, somos fortemente inclinados a explicações causais, mas, não sabemos lidar com a aleatoriedade, tão presente no mercado de ações

Não era outra pretensão, muito mais do que apresentar como alternativa para aqueles que querem iniciar suas aplicações financeiras no mercado de ações e "bater o mercado" a contratação de um gestor de investimento em ações com gestão ativa e alertar para a rentabilidade por unidade de risco incorrido, explicar que existem decisões que quando evitadas pelo investidor (imediatismo, elevada troca de ações, pouca diversificação além da busca pelo cavalo azarão) irão impactar favoravelmente no longo prazo.

# Não há conflito de interesse

## Sem troca de incentivos

Os jornais com divulgação de pesquisas científicas podem pedir para o autor que inclua uma declaração: "o pesquisador afirma que não há conflitos de interesse." Esta declaração garante que a pesquisa é objetiva. Ela também implica que os resultados obtidos não foram influenciados por fatores externos ou má conduta, com troca de incentivos (financeiros, por exemplo) por resultados favoráveis.

Quando a pesquisa é financiada por instituição ou empresa, o autor também deve fazer uma declaração pública que não há viés tendencioso na pesquisa. Esta é uma maneira de estar de acordo com o código de conduta necessário à publicação das pesquisas científicas, ao mesmo tempo em que a contribuição da empresa é reconhecida.

Então, este livro não tem financiamento de instituição ou empresa financeira, quer seja ela pública ou privada. Atualmente, como Adjunto (Doutor) da Universidade do Estado da Bahia, as disciplinas de finanças (introdução a administração financeira, administração financeira e orçamentária e mercado de capitais) tem permitido a docência, pesquisa e coordenação de curso.

Durante 20 anos de atividades, sendo 10 anos na universidade pública o autor não estabeleceu vínculo nem prestação de serviços a entidades financeiras, sejam bancos ou corretoras ou distribuidoras de valores mobiliários. Logo, por não existir vínculo passado, presente ou pretensão futura, as ideias discutidas neste livro não foram influenciadas por fatores externos ou má conduta, nem há troca de incentivos por indicar gestores de fundos de investimentos em ações através de compra de cotas. O autor apenas comenta da existência dos fundos de investimentos em ações com gestão ativa, mas, não faz indicação de qual deles seja o melhor. Ao contrário, ainda trata da importância da rentabilidade por unidade de risco incorrido como critério para auxiliar na escolha deste fundo de investimentos em ações.

# Anexos

# Fundos de Investimentos

## Conceito

Conforme discutido neste livro, os fundos de investimentos são uma espécie de condomínio embora seus cotistas tenham o direito de resgatar seus recursos financeiros, conforme as regras do fundo.

## Classificação

Existem no Brasil diferentes classificações. Conforme Instrução Normativa da Comissão de Valores Mobiliários, os fundos de investimentos podem ser classificados como: Renda Fixa, Ações, Cambial e Multimercado. E essa classificação, conforme usada em sala de aula, atende o propósito de esclarecer as possibilidades de fundos de investimentos.

## Gestão do fundo

Quando a gestão do fundo de investimento busca replicar uma rentabilidade de referência no mercado financeiro ele é dado como fundo de gestão passiva. Por outro lado, quando a gestão quer superar esta rentabilidade de referência a gestão é tida como ativa.

## Taxas de administração e de performance

Os fundos de investimentos em ações cuja gestão é ativa buscam "bater o mercado". Para isso, são cobradas: taxa de administração que incide sobre o patrimônio do fundo e taxa de performance, previamente pactuada, uma vez que a gestão busca superar a rentabilidade do mercado de ações.

**Administração**

A administração do fundo é dada por instituição financeira ou outro tipo de instituição autorizada pela Comissão de Valores Mobiliários. Para isso, há uma clara separação dos recursos de tesouraria da instituição financeira com os recursos dos fundos de investimentos.

**Instituições**

De maneira simplificada, a instituição administradora dá nome ao fundo e é responsável pelas obrigações administrativas, legais e operacionais do fundo.

A instituição gestora é responsável pela política de escolha dos ativos financeiros (compra e venda).

Existe uma instituição definida como custodiante que é responsável pelo registro, liquidação e exercício dos direitos e obrigações dos ativos financeiros que compõem a carteira dos fundos.

Por fim, a instituição distribuidora, responsável pela captação dos recursos financeiros (comercialização das cotas).

**Sem Fundo Garantidor de Crédito**

O Fundo Garantidor de Crédito foi criado para aplicações financeiras (a exemplo do Certificado de Depósito Bancário, da Letra de Crédito imobiliário, da Letra de Crédito do Agronegócio, da Letra de Câmbio) que buscam recursos financeiros (dos "investidores comuns") para o financiamento de operações de crédito.

A proteção, conforme legislação, é de R$ 250 mil por Cadastro de Pessoa Física em cada instituição financeira, como uma forma de proteger o "investidor comum" em caso de falência da instituição financeira.

Como os fundos de investimentos em ações, ou melhor, suas cotas são consideradas como valores mobiliários, não contam com a proteção do Fundo Garantidor de Crédito.

Agora, os fundos de investimentos em ações ao terem diversificação, podemos dizer que tratam-se de uma aplicação financeira com riscos diluídos (já comentamos neste livro).

Em caso de gestão inadequada, a administração do fundo pode ser trocada conforme decisão da Assembleia Geral dos cotistas. E também importante, há uma separação dos recursos de tesouraria da instituição financeira (que pode ir à falência) com os recursos dos fundos de investimentos.

# Referências


ALFORD, A; JONES, R; WINKELMANN, K. A Spectrum approach to active risk budgeting. The Journal of Portfolio Management v. 30, p. 49-60, 2003.

ARRAIS, F. O que "Os Simpsons" pode ensinar sobre sorte e habilidade na gestão de fundos? Felipe Arrais [mensagem pessoal]. Mensagem recebida por <carlos.orge@terra.com.br> em 17 jul. 2021.

AZEVEDO, G. Destinação de recursos e motivos que levaram empresas brasileiras a abrirem seu capital nos últimos dez anos. Pesquisa em Execução. Trabalho de Conclusão de Curso – Universidade do Estado da Bahia, Salvador.

BARBER, B; ODEAN, T. Trading is hazardous to your wealth: the common stock investment performance of individual investors. The Journal of Finance, v. 55, p. 773-806, 2000.

BARROS FILHO, C. O que estamos fazendo de nós mesmos? Uma perspectiva sobre ética e nossa relação com o trabalho. Disponível em: < https://www.youtube.com/watch?v=SlqAlEiOZz4> Acesso em: 21 abr 2021.

BECHARA, A; DAMASIO, H; TRANEL, D; DAMASIO, A. Deciding advantageously before knowing the advantageous strategy. Science, v. 28, p. 1293–1295, 1994.

BENARTZI, S; THALER, T. Naive diversification strategies in defined contribution saving plans. The American Economic Review, v.91, p. 79-98, 2001.

BERNOULLI, D. Exposition of a new theory on the measurement of risk; Econometrica, v. 22, p. 23–36, 1954.

BÖHM-BAWERK, E. Capital and interest. South Holland: Libertarian Press, 1889.

BRAGA, C. Análise de performance dos fundos de investimentos em ações da Caixa Econômica Federal. 2017. 21 f. Trabalho de Conclusão de Curso – Universidade do Estado da Bahia, Salvador.

CHOI, J; LAIBSON, D; METRICK, A. Does the internet increase trading? Evidence from investor behavior in 401(k) plans. NBER working paper, p. 2-46, 2002.

DAMASIO, R. Descartes error: emotion reason and the human brain. London: Pan Macmillan, 1995.

DENES-RAJ, V; EPSTEIN, S. Conflict between intuitive and rational processing: when people behave against their better judgment. Journal of Personality and Social Psychology, v. 66, p. 819-828, 1994.

DIMSON, E; MARSH, P; STAUNTON, M. Triumph of the optimists: 101 years of global investment returns. New Jersey: Pricenton University Press, 2002.

DUARTE JÚNIOR, A. Gestão de riscos para fundos de investimentos. São Paulo: Pearson, 2005.

ELTON, E.; GRUBER, M.; BROWN, S.; GOETZMANN, W. Moderna teoria de carteiras e análise de investimentos. Tradução Antonio Zoratto Sanvicente. São Paulo, Atlas, 2004. 597p.

JORDAN, B.; MILLER, T.; DOLVIN, S. D. Fundamentals of Investiments. New York, MGraw-Hill, 2012.

FISHER, I. The theory of interest. New York: Macmillan, 1930.

FRANK, R. Choosing the right pond: Human behavior and the quest for status. New York: Oxford University Press. 1985.

FREDERICK, S. Cognitive reflection and decision making. Journal Economic Perspect, v. 19, p. 25–42, 2005.

GIANNETTI, E. Precisamos de menos Brasília e mais Brasil. [Entrevista concedida a Augusto Nunes]. Revista Veja. Disponível em: < https://veja.abril.com.br/blog/augusto-nunes/eduardo-giannetti-e-o-convidado-do-roda-viva-desta-noite/> Acesso em: 5 jul 2021.

HARPER, D. Competitive foraging in mallards: ideal free ducks. Animal Behaviour, v. 30, p. 575-584, 1982.

KAHNEMAN, D. A perspective on judgment and choice. American Psychologist, v. 58, p. 697-720, 2003.

KAHNEMAN, D. Rápido e Devagar duas formas de pensar. Rio de Janeiro: Objetiva, 2012.

KAHNEMAN, D; TVERSKY, A. Prospect theory: an analysis of decision making under risk. Econometrica, 1979.

KIRKPATRICK, L; EPSTEIN, S. Cognitive-experiential self-theory and subjective probability: further evidence for two conceptual systems. Journal of Personality and Social Psychology, v. 63, p. 534-544, 1992.

LEDOUX, J. The emotional brain: the mysterious underpinnings of emotional life. New York: Simon and Schuster, 1996.

MARKOWITZ, H. Portfolio selection. Journal of Finance, p. 77-91, 1952.

MARTINS, F. Produção literária em finanças comportamentais aplicadas ao campo das finanças pessoais: um estudo bibliométrico. 2021. 17 f. Trabalho de Conclusão de Curso – Universidade do Estado da Bahia, Salvador.

MCCLURE, S; LAIBSON, D; LOEWENSTEIN, G; COHEN, J.

Separate neural systems value immediate and delayed monetary rewards. Science, v. 306, p. 503-507, 2004.

MCCOY, A; PLATT, M. Expectations and outcomes: Decision--making in the primate brain. J. Journal of comparative physiology. A, Neuroethology, sensory, neural, and behavioral physiology, v. 191, p. 201-211, 2005.

MOIVRE, A. The doctrine of chances: a method of calculating the probabilities of events in play. New York: Chelsea Pub. Co.,1967.

MOREIRA, B. Aversão ao risco em crianças: um estudo experimental. 2008. 92 f. Dissertação (Mestrado em Economia) – Universidade Federal de Santa Catarina, Florianópolis.

MOSCA, A. Finanças comportamentais gerencie suas emoções e alcance sucesso nos investimentos. Rio de Janeiro: Campus, 2009.

MOTTA, M. Aversão ao risco em idosos: um estudo experimental. 2017. 27 f. Trabalho de Conclusão de Curso – Universidade do Estado da Bahia, Salvador.

NASH, J. Two-pearson cooperative games. Econometria, v. 21, p.128-140, 1953.

NOFSINGER, J. The impact of public information in investors. Journal of Banking & Finance v. 25, p.1339-1366, 2001.

ORGANISATION FOR ECONOMICS CO-OPERATION AND DEVELOPMENT. Improving Financial Literacy: Analysis of Issues and Policies. Paris: nov. 2005.

RAE, J. The sociological theory of Capital. London: Macmillan, 1834.

ROY, A. Safety first and the holding of assets. Econometrica. v.20, p.431-449, 1952.

SALES, S. A utilização de ações com baixo valor nos indicadores p/vpa e p/lpa para definição de carteiras com base na teoria de Markowitz. 2017. 24 f. Trabalho de Conclusão de Curso – Universidade do Estado da Bahia, Salvador.

SAMUELSON, P. A Note on measurement of utility. The Review of Economic Studies, v. 4, p. 155–61, 1931.

SAMUELSON, P. General proof that diversification pays. Journal of Financial and Quantitative Analysis. p. 2 1-13, 1967.

SANTANA, T. Análise do risco das ações ordinárias e preferenciais das empresas listadas no nível 2 da Bmf&Bovespa. 2017. 29 f. Trabalho de Conclusão de Curso – Universidade do Estado da Bahia, Salvador.

SCHWARTZ, B. O paradoxo das escolhas. São Paulo: Girrafa, 2007.

SHERRINGTON, C. The Integrative Action of the Nervous System. New York: Scribner's, 1906.

SHIFFRIN, R; SCHNEIDER, W. Controlled and automatic human information processing: II. Perceptual learning, automatic attending, and a general theory. Psychological Review, v. 84, p. 127–90, 1977.

SIMON, H. A behavioral model of rational choice. The Quarterly Journal of Economics, v. 69, p. 99-118, 1955.

SHIV, B; LOEWENSTEIN, G; BECHARA, A. The dark side of emotion in decision-making: When individuals with decreased emotional reactions make more advantageous decisions. v. 23, p. 85-92, 2005.

SMITH, L. Common Stocks as Long Term Investments. New York: MacMillan Company, 1924.

SOKOL-HESSNERA, P; HSUB, M; CURLEYA, N; DELGADO, M; CAMERER, F; PHELPS, E. Thinking like a trader selectively reduces individuals' loss aversion. PNAS Early Edition, p. 1-6, 2009.

SOLNICK, J; KANNENBERG, C; ECKERMAN, D; WALLER, M. An experimental analysis of impulsivity and impulse control in Humans. Learning and Motivation, v. 11, p. 61–77, 1980.

STANOVICH, K; WEST, R. Individual differences in reasoning: Implications for the rationality debate? Behavioral and Brain Sciences, v. 23, p. 645–726, 2000.

TALEB, N. A lógica do cisne negro o impacto do altamente improvável. Rio de Janeiro: BestBusiness, 2019.

THALER, R; BENARTZI, S. Save more tomorrow: using behavioral economics to increase employee saving. Journal of Political Economy, v. 112, 2004.

TOM, S; FOX C; TREPEL, C; POLDRACK, R. The neural basis of loss aversion in decision-making under risk. Science, v. 315, p. 515-518, 2007.

TVERSKY, A; KAHNEMAN, D. Judgment under uncertainty: heuristics and biases. Science, v. 185, p. 1124–1131, 1974.

VINER, J. The utility concept in value theory and its critics. Journal of Political Economy, v. 33, p. 369-387, 1925.

ZAC, P. The neuroeconomics of trust. Center for Neuroeconomics Studies. Department of Economics. 2007.

ZAK, P; KNACK, S. Trust and growth. Economic Journal, v. 111, p. 295–321, 2001.

Impressão e acabamento
Gráfica da Editora Ciência Moderna Ltda.
Tel: (21) 2201-6662